Martine Pelloux

Pierres de bien-être

Guide d'équilibre intérieur par les minéraux

hachette
BIEN-ÊTRE

À ma fille Lucille
À mes parents

SOMMAIRE

« Le bonheur n'est pas un gros diamant, c'est une mosaïque de petites pierres harmonieusement rangées. »

Alphonse Karr

INERTE, INANIMÉ, FROID... le règne minéral ne semble guère porteur de vie ! Pourtant, depuis la nuit des temps, dans toutes les civilisations, on a porté des bijoux en pierres naturelles comme symboles divers – d'autorité, de richesse, de fécondité –, comme objets magiques ou d'affirmation de la personnalité. Et aujourd'hui encore, si nous sommes de plus en plus nombreux à porter des pierres, c'est parce que nous éprouvons le besoin, conscient ou non, de bénéficier de leurs ondes bienfaisantes.
Parfois, il suffit de s'asseoir et de les contempler pour se sentir en harmonie avec elles, revitalisé par leurs reflets, ou simplement ressourcé par le grand calme qu'elles dégagent. Dans l'idée de ressourcement, il y a celle de « retour aux sources ». Or, le monde minéral n'est-il pas à l'origine de l'univers ? Au commencement était la pierre...

Utiliser les minéraux pour se faire du bien n'a donc rien d'une nouveauté. Pourtant, la lithothérapie, médecine douce par les pierres, n'a pour l'heure pas encore fait la preuve scientifique de son efficacité. Peu à peu cependant, on met à jour les qualités thérapeutiques de certains minéraux qui étaient déjà utilisés par les anciens pour ces mêmes pouvoirs : l'hématite, par exemple, dite « la pierre qui saigne » dans les vieux lapidaires était utilisée comme compresse il y a 3 000 ans par les Égyptiens en cas de blessure profonde. Aujourd'hui, on lui reconnaît de réelles propriétés astringentes car elle resserre les tissus.

Il est donc toujours intéressant de découvrir – ce que je vous propose dans ce guide – quelles vertus les anciennes traditions attribuaient à tous ces minéraux que nous aimons aujourd'hui porter en bijoux. D'ailleurs, certains inconditionnels affirment s'apaiser, se déstresser ou se revitaliser par simple apposition de pierres sur différentes parties de leur corps (ou en portant des minéraux sous forme de bijoux ou d'une pierre roulée dans la poche). On peut expliquer de tels phénomènes par un effet placebo, c'est-à-dire par le simple pouvoir de croyance que place la personne dans sa guérison. Mais les pierres sont bien plus que des placebos ou des objets transitionnels ! Ce que je vois et entends chaque jour dans mes magasins l'atteste.

Invariablement, des personnes averties ou novices, par curiosité ou par conviction, s'intéressent aux vertus et pouvoirs des pierres. Certaines reviennent témoigner de l'efficacité de celles-ci et de leur contribution à leur bien-être. Et même celles qui viennent pour acquérir un bijou dans un but uniquement esthétique me demandent souvent avant de quitter la boutique : « Quels sont les bienfaits de cette pierre ? »

Petit à petit, j'ai appris à leur répondre. Je vis au milieu de ces pierres depuis ma plus tendre enfance, car celles-ci sont devenues une passion familiale. Tout a débuté par un cadeau que mon frère, alors âgé de sept ans, reçut lors de vacances en Haute-Savoie. Un ami de mon père, guide de haute montagne, lui offrit son premier cristal de roche du Mont-Blanc. Ce fut à cet instant que la passion pour les minéraux saisit mon père et mon frère. Fascinés, ils décidèrent à leur tour de se lancer à la recherche d'aussi beaux minéraux et commencèrent à prospecter par eux-mêmes. Quelques années plus tard, ce fut le temps des escapades dans le Morvan pour trouver des fluorines. Un voyage jusqu'à Poona, en Inde, pour trouver des okénites et des apophyllites. Les vacances en famille sur l'île d'Elbe pour chercher des pyrites de fer et de l'hématite, les séjours en Sicile pour les soufres... Peu à peu, la plupart des destinations de nos vacances furent soigneusement étudiées et choisies en fonction de possibles lieux de prospection. Jusqu'à ce que mon père, désireux de faire découvrir le monde merveilleux de la minéralogie en France, organise la toute première exposition internationale de minéraux-fossiles à Paris dans les années 1970. Depuis, celle-ci a lieu tous les ans, réunit professionnels et amateurs de minéralogie – plus de 200 exposants du monde entier – et attire aussi bien des collectionneurs, des passionnés que des novices, ainsi que, depuis quelque temps, de plus en plus de personnes s'intéressant à la lithothérapie.

J'ai donc appris les pouvoirs des pierres sur le tas et par imprégnation. J'ai aussi eu la chance d'être initiée par de grands astrologues à l'art du zodiaque, et là encore, pendant de nombreuses années, j'ai pu observer l'influence des pierres sur les personnalités décrites selon leur signe zodiacal. Aussi ai-je développé dans ce guide toute une partie sur l'astrologie.

Lorsque ma fille était petite, elle a, comme de nombreux tout jeunes enfants, porté un collier d'ambre pour apaiser ses premières percées dentaires ; elle a eu également une lampe à sel dans sa chambre pour créer un climat sécurisant et diffuser une lumière douce et rassurante, ainsi qu'un morceau de quartz rose, considéré comme la pierre des enfants.

Quand je fais de longs voyages en avion pour aller chercher des pierres, il m'arrive parfois de glisser une turquoise dans ma poche... ou une labradorite, peut-être inconsciemment pour profiter de leurs bienfaits et me rassurer !

Riches de forces lumineuses et mystérieuses, les pierres, me semble-t-il, n'ont pas encore fini de livrer leurs secrets, même si de plus en plus d'entre nous les perçoivent comme de magnifiques concentrés d'énergie. Toutes déjà délivrent un message clair : elles nous invitent à regarder d'une tout autre manière cet univers minéral qui semble si loin de nous et peut pourtant contribuer à notre bien-être.

MIEUX CONNAÎTRE LE MONDE MINÉRAL

**« Nuit polaire
pluie de pierres précieuses
dans le ciel de la toundra. »**

Olga Hooper

ORIGINES

Regarder une pierre provoque souvent une impression de grand calme. Comme si le temps s'arrêtait. Cela n'a rien d'étonnant ; sachez que cette roche a patienté des millions d'années avant d'être contemplée ou portée en parure. Et qu'avant cela, elle a pu naître de divers phénomènes. En effet, certains minéraux se forment à partir de matières en fusion au cœur de l'écorce terrestre ou se développent au sein des laves que des éruptions volcaniques ont apportées à la surface de la terre (roches magmatiques). D'autres résultent de phénomènes de précipitation à partir de solutions, ou sont créés par l'action d'organismes vivants (roches sédimentaires). D'autres enfin proviennent de la transformation, sous l'effet d'une élévation de la température et de la pression, de minéraux préexistant dans les couches profondes de l'écorce terrestre (roches métamorphiques).

OÙ SE CACHENT LES PIERRES ?

Il y en a dans presque toutes les régions du monde. Ces pierres sont tantôt en petit nombre et dispersées, tantôt groupées en grande quantité. On les trouve dans des gisements, c'est-à-dire des emplacements assez riches en pierres précieuses pour mériter une exploitation systématique.

L'apprenti géologue et le minéraliste en herbe peuvent avoir de la chance et trouver par eux-mêmes une pierre, au hasard de leurs explorations, mais celle-ci sera rarement d'une grande valeur, au-delà de la satisfaction de l'avoir trouvée soi-même ! Ce sont souvent de petits morceaux ramassés sur le bord d'un chemin de montagne. Par exemple, en Savoie, dans le Beaufortain, il existe un passage surnommé « passage des cristaux ».

Pour les passionnés, faire partie d'un club de minéralogie qui organise des sorties sera le plus sûr moyen de trouver des pierres. On est alors conduit dans des endroits bien spécifiques, des carrières, des grottes en montagne, des filons, où l'on peut gratter. Les cristaux prisonniers de leur gangue sont le plus souvent dégagés à l'aide de pioches, de marteaux ou autres outils spéciaux.

PETIT GLOSSAIRE

CRISTAL. Un cristal est un corps de constitution homogène, de forme rigoureusement géométrique et de structure soumise à des lois précises et constantes.
La science des cristaux est la cristallographie.

GEMME. Autre nom pour qualifier une pierre précieuse.

LITHOTHÉRAPIE. (du grec *lithos*, « pierre »). La lithothérapie est une médecine douce qui se sert de l'énergie des pierres pour rééquilibrer et réharmoniser l'organisme. Les pierres possèdent, selon elle, des vibrations et des qualités qui les rendent aptes à dénouer les tensions physiques et psychiques. L'énergie des pierres serait liée à leur composition chimique, à leur forme et à leur couleur.

MINÉRAL. Un minéral est un fragment solide de l'écorce terrestre, mais aussi lunaire, comme nous avons pu le découvrir au cours des explorations du cosmos. Un minéral doit être homogène et d'origine naturelle. La plupart des minéraux se présentent sous la forme de cristaux caractéristiques.
La science des minéraux est la minéralogie.

PIERRE. Le mot « pierre », dans la langue populaire, désigne tous les éléments solides de l'écorce terrestre. Le joaillier qualifie par ce terme une pierre précieuse ou fine. Pour l'ingénieur, au contraire, il s'agit d'un matériau servant à paver des rues ou construire des maisons ! En géologie, on ne parle pas de pierres, mais de roches et de minéraux.

PIERRES FINES ET PRÉCIEUSES. Ces expressions font référence à la beauté et à la rareté de certains minéraux. On entend aussi parfois, dans le commerce, l'expression « pierres semi-précieuses ». C'est une formule pratiquement prohibée en France, car on y voit une nuance péjorative !

ROCHE. Une roche est un ensemble solide ou un agrégat de minéraux d'origine naturelle. Ce terme a pris dans le langage courant une signification plus large. Ainsi, le sable et le gravier sont classés parmi les roches poreuses !
La science des roches est la pétrographie.

Pierres de lune extraites d'un gisement en Inde.

LES PIERRES DANS LES GRANDES TRADITIONS

Pas une époque, pas une civilisation, pas une terre qui n'ait été fascinée par les gemmes. Encore prises dans la gangue ou étincelantes autour du cou d'une reine ou d'une star de cinéma, toujours elles attisent le désir, suscitent l'envie, « allument le feu » humain ; et cela, depuis la nuit des temps. Aussi a-t-on toujours pensé que les plus beaux minéraux possèdent des pouvoirs mystérieux. Transmis de manière orale, puis à travers la littérature populaire, ces savoirs sont encore très vivaces, même si nous n'en sommes pas toujours conscients.

Pourquoi de telles croyances ? Elles naissent des qualités inhérentes aux pierres fines : pureté de leurs couleurs, de leur éclat, de leur forme brute à chaque fois singulière... Il y a ensuite leur caractère invulnérable, presque indestructible. En cela, elles ressemblent à des fruits de l'éternité. Nous autres hommes, si inquiets de la brièveté de nos vies, ne pouvons être que subjugués par ces produits naturels qui gardent beauté et force à jamais. Ils sont comme des lumières qui envoient leur lumière toujours vivante dans notre nuit. Dans les plus anciennes cultures, on voyait symboliquement le règne minéral comme le « squelette de notre Terre Mère », c'est-à-dire le socle de tout phénomène naturel.

Dans cette partie, j'ai choisi quatre lieux stratégiques pour raconter cette histoire d'amour entre l'homme et les pierres : l'Inde, l'Égypte, la Chine, les territoires des peuples nord-amérindiens... Si chacune de ces cultures possède ses spécificités, ses minéraux préférés, ses mythes, toutes ont intégré les pierres fines dans la vie quotidienne sous trois formes privilégiées : les amulettes, les talismans et les bijoux d'apparat.

Se protéger grâce aux amulettes

Préserver du malheur, éloigner la maladie... À la manière des grisgris africains, les amulettes sont censées protéger celui qui les porte. Le terme vient du latin *amolior* qui signifie « enlever » (chez Pline, *Amoliri periculum* signifie « Chasser le danger »). Ainsi, l'on pense que les premières pièces trouvées dans des grottes (notamment des parcelles d'ambre) servaient à nos ancêtres primitifs comme *amulettes* pour la chasse en faisant fuir les bêtes les plus féroces. C'est sans doute grâce à leur beauté et à leur couleur que les pierres ont ainsi été considérées comme des objets magiques. L'ambre, avec sa transparence dorée, ou la pyrite de fer, si lisse, ne semblent-ils pas créé par des mains de fées ?

Attirer la chance grâce aux talismans

Le talisman, lui, attire les bienfaits, et est à considérer comme porte-bonheur. Il est, dans son essence même, sacré, ainsi que l'indique son étymologie (du grec byzantin *telesma* qui signifie « rite religieux »). Cette vertu bénéfique des pierres s'expliquerait par la théorie de « la sympathie », l'idée selon laquelle l'objet qui ressemble à un autre objet aura un effet sur ce dernier. Dans les pierres bleues comme le saphir, on pensait voir le ciel ; on croyait donc pouvoir attirer l'indulgence de celui-ci grâce à ces minéraux. Le terme de talisman convient plus particulièrement aux pierres gravées ou sculptées, sur des médailles notamment. (Voir « Suggestions pour créer une amulette ou un talisman », page 141.)

S'embellir grâce aux bijoux d'apparat

C'est la qualité ornementale des gemmes qui est ici privilégiée. Leur pouvoir de faire ressortir une carnation ou la couleur des yeux, des lèvres, des cheveux, est honoré depuis toujours. Elles sont donc devenues pour les femmes de réels compléments de beauté car, comme l'a chanté Marilyn, elles en sont définitivement les « meilleurs amies »...

L'INDE OU LE ROYAUME DES BIJOUX

« Parmi les gens, les uns sont des cailloux, les autres sont des joyaux. »

Proverbe indien

Peu de civilisations millénaires aiment les minéraux précieux autant que la péninsule indienne. Là, même les dieux portent des boucles d'oreilles ou des colliers ! Et encore aujourd'hui, à la manière des princes de la Renaissance, les hommes n'hésitent pas à se parer de bagues ou de bracelets extravagants.

Les gemmes à l'origine du monde

Si l'on en croit les écrits sacrés les plus anciens – les textes védiques – la création même de l'univers serait liée aux gemmes. La légende la plus reprise l'attribue au démon Vala, après que celui-ci eut été démembré par les demi-dieux, furieux qu'il ait osé voler des vaches sacrées. Mais, comme nous le rappelle la spécialiste des rubis Diane Morgan[1], « les démons ne sont jamais complètement détruits ». Des restes du corps de Vala, dispersés dans l'univers, seraient nées les différentes pierres que nous connaissons aujourd'hui. Partout où ses os broyés retombaient – forêts, océans, rivières ou montagnes –, ceux-ci donnaient naissance à des cristaux de différentes tailles et couleurs. « La peau de Vala se transforma en saphirs jaunes qui vinrent décorer l'Himalaya, rapporte l'historienne. Ses ongles de mains rougeoyants se changèrent en semences de grenat hessonite qui tombèrent dans les étangs du Sri Lanka, de l'Inde et la Birmanie. » Ainsi, tout son être,

1. Diane MORGAN, *Fire and Blood : Rubies in Myth, Magic, and History*, Praeger Publishers, 1948.

jusqu'à ses entrailles, se métamorphosa en magnifiques minéraux : sa bile en grains d'émeraude, ses intestins en corail...

Dans toute la mythologie indienne, on retrouve ces pierres fines et précieuses, notamment parce que chaque divinité s'en approprie plus particulièrement une : Varuna, dieu des océans et du ciel, règne sur un trône de diamants ; à Surya, dieu du soleil qui avait le teint vert, on attribue les émeraudes...

Le *Navaratna*

L'un des bijoux les plus connus en Inde est un talisman, appelé le *Navaratna*, ce qui signifie « le bijou aux neuf pierres ». On peut le trouver en forme de médaillon – aux pouvoirs renforcés s'il est attaché à un chapelet –, mais il est surtout porté en bague. Ainsi, les pierres qui le composent touchent la peau de la personne, ce qui serait particulièrement bénéfique. Les neuf pierres incrustées dans la bague forment un cercle et composent une boussole, car elles représentent les neuf planètes décrites dans les textes védiques. Ainsi, au centre, le rubis évoque le Soleil ; à l'est, un diamant renvoie à Vénus : au sud-est, une perle pour la Lune ; au sud, le corail renvoie à Mars ; à l'ouest, le saphir représente Saturne... Cet ordre reste inchangé depuis des millénaires. Les bagues ornées de ces pierres ainsi placées dynamiseraient certains points énergétiques précis.

La force énergétique des pierres

Car, si l'Inde a depuis toujours le goût du bijou, elle s'est aussi intéressée aux pouvoirs guérisseurs des minéraux et a intégré ceux-ci dans sa médecine millénaire, qui est d'abord une « science de la vie » : l'ayurveda[2].

Pour cette approche holistique, née probablement 5 000 ans avant notre ère, les minéraux, comme toutes les créations de la nature, peuvent entrer en résonance avec l'être humain qui est fait

2. Voir le livre de Vincent ROUSSELET-BLANC, *Ayurveda au quotidien*, Hachette santé, Paris, 2011.

– comme la science vient d'ailleurs de le confirmer – des mêmes substances que les végétaux, la terre, la mer, et les étoiles... Dans l'un des grands traités ayurvédiques, *Sushruta Samhita*, pas moins de 64 préparations « médicamenteuses » à base de substances minérales pilées sont préconisées pour relancer le cycle vital, favoriser la santé.

C'est aussi la tradition du yoga qui a promu une utilisation ré-énergétisante des pierres. Dans leur lecture du corps, les yogis décrivent en effet 7 chakras (terme sanskrit qui signifie « roue »), carrefours énergétiques qui, du bas de la colonne vertébrale au sommet du crâne, sont des points de régulation des différents flux vitaux qui nous traversent. De nombreux thérapeutes du mouvement New Age ont développé des techniques à base de pierres pour rééquilibrer ces 7 chakras. Ainsi, en plaçant sur chacun d'eux, tel qu'il est localisé sur le corps, une pierre de la couleur correspondant à sa couleur symbolique, ces praticiens affirment pouvoir débloquer, relancer ou équilibrer l'activité de chaque point énergétique.

Pour le chakra racine, par exemple, qui se trouve à la base de la colonne vertébrale et qui régule notamment l'énergie physique et la capacité à se défendre de l'extérieur, sont indiquées des pierres rouges comme lui : corail, grenat, rubis...

Pour le chakra pelvien qui se trouve sous le nombril et influence le travail des reins, on choisira la couleur orange : cornaline, pierre de lune...

L'ÉGYPTE ET LE POUVOIR DIVIN DES PIERRES

> ***« A livelier emerald twinkles in the grass A purer sapphire melts into the sea. »***
>
> Maud Tennyson

La civilisation égyptienne a fait une grande place aux gemmes précieuses, car celles-ci permettaient à celui qui en était paré de devenir un dieu dans son voyage transmigratoire de la mort à l'éternité souhaitée. Ainsi, le plus vieux bijou de tous les temps, composé de 4 bracelets d'or sertis de turquoises, a été trouvé au poignet d'une momie âgée de 7 500 ans, celle de la reine Zer.

Outre leur attrait en parures, les pierres pilées permettaient aux Égyptiens de fabriquer des pigments utilisables à la fois pour leurs fresques ou pour leur maquillage. Ces poudres étaient aussi prises en médicaments.

Le goût des pierres bleues

De tous les joyaux, ce sont ceux qui permettaient de bleuir l'environnement qui avaient le plus de valeur aux yeux des Égyptiens. Ceux-ci ont ainsi créé le « bleu égyptien » en élaborant notamment des pigments à partir de la pierre lapis-lazuli ou en travaillant le verre avec du cuivre. De ce « bleu » égyptien, dont ils eurent longtemps le monopole, ils ornèrent les temples, les vases précieux, les masques funéraires... Isis, principale déesse du panthéon égyptien, est souvent représentée déployant de larges ailes bleues.

Pour les Égyptiens, qui devaient aller chercher cet « or bleu » jusqu'en Afghanistan, le lapis-lazuli servait à faire des amulettes, des scarabées et des sceaux cylindriques ; les masques funéraires des pharaons étaient toujours sertis de lapis et les plus grands prêtres portaient autour de leur cou des images de Maât, déesse de la vérité, sculptées dans la pierre de lapis. On a même retrouvé une paire de boucles d'oreilles en lapis-lazuli datant du XIVe siècle avant J.-C. dans la tombe de Toutankhamon !

La turquoise était elle aussi particulièrement vénérée en raison de sa couleur, associée au ciel et au divin. Elle apparaît dans les plus anciens papyrus et, travaillée avec de l'argent et portée en amulette, elle était prescrite par les médecins égyptiens pour protéger des maladies des yeux ou même soigner la cataracte.

La légende de Baufra, racontée dans un papyrus datant de 4 700 ans avant J.-C., sous le règne de Snéfrou, et rapportée par l'égyptologue anglais W. M. Flinders Petrie (1853-1942), lui fait la part belle : « Alors que le roi était triste et inconsolable, il suivit la suggestion de son conseiller Djadjaemankh d'aller se divertir sur le lac près du palais. Promené dans un magnifique bateau conduit par vingt sirènes, il retrouvait peu à peu la joie en regardant ramer ces beautés. Mais l'une d'elles, soudain, fit tomber une turquoise de sa chevelure, et la perdit dans les flots. Effondrée, elle refusait de se consoler de cette perte, ce qui chagrinait le roi. Alors, prononçant des paroles magiques, Djadjaemankh fendit les eaux en deux, ce qui permit de retrouver la pierre précieuse. Le roi, heureux, se félicita de ce beau dénouement et célébra les pouvoirs magiques de son conseiller. »

Un scarabée en bijou pour renaître chaque jour

Qu'il s'agisse de jaspe rouge (qui, pour les Égyptiens, représentait le sang de la déesse Isis, permettait de bénéficier de la protection de celle-ci et préparait au jugement d'Osiris au moment de la mort), ou de malachite au vert profond (dès 4 000 avant J.-C. elle apparaît dans des hiéroglyphes comme le « lit vert du soleil » où les dieux venaient parfois se reposer), l'un des bijoux favoris des Égyptiens était une pierre taillée en forme de scarabée.

Cet insecte (appelé *khéper* en égyptien), grâce à son courage et son endurance, doit inspirer les hommes. Pour les Égyptiens, il symbolisait la renaissance et le Soleil. En effet, le scarabée (qu'on appelle aussi bousier), pour se construire un cocon confortable, forme une boule avec les excréments des mammifères à l'aide de son front et de ses pattes antérieures. Puis, avec ses pattes postérieures, il fait rouler la boule jusqu'à un trou dans lequel il dépose son œuf. Cette épreuve de ténacité évoquait aux Égyptiens la course du Soleil dans le ciel. Le scarabée est donc un symbole majeur d'espoir : il incarne le dieu solaire qui réapparaît chaque matin à l'aube, évoque la renaissance pour les morts – les momies portaient souvent un scarabée en bijou posé sur leur cœur – et peut inspirer les vivants pour continuer à construire leur vie avec courage.

LA CHINE ET L'EMPIRE DU JADE

« Le sage ne veut pas être estimé comme le jade, ni méprisé comme la pierre. »

Lao Tseu

Si vous voyagez à Pékin ou Shanghai aujourd'hui, il y a toutes les chances pour que vous croisiez un homme d'affaires occupé à polir un bijou en jade juste avant un rendez-vous important. Et vous ne pourrez que remarquer l'omniprésence de la pierre verte dans l'empire du Milieu. Là, un seul mot, *yù*, signifie à la fois « pierre précieuse » et... jade. C'est dire la valeur de ce minéral, vénéré depuis toujours – il est connu depuis 3 500 ans au moins – par les Chinois.

Pour la tradition, les pierres de jade sont les larmes pétrifiées d'un dragon qui se sont répandues pendant la conquête de la Chine par les Tatars. Elles évoquent grandeur et puissance. Le jade était donc une pierre relative à l'empereur, et symbole d'un pouvoir absolu. L'empereur se devait d'arborer un sceptre de jade (*ruyi*) lors des grandes cérémonies. Ainsi, encore aujourd'hui, pour désigner le pouvoir, les Chinois dessinent une corde en perles de jade.

Les Chinois portent le jade en amulette ou talisman, mais suivant sa sculpture, chaque pierre aura une signification différente : en forme de montagne, elle apporte la longévité ; représentant deux hommes plus connus sous le terme de « jumeaux de jade », elle favorise l'amitié ; en forme de cigale, elle était placée dans la bouche des défunts, car elle symbolisait la résurrection

Porteur de valeurs immatérielles

Mais c'est surtout la grandeur intérieure que le jade doit rappeler ainsi que l'écrivait Confucius : « Le jade est précieux non pas parce qu'il est rare, mais parce que la qualité du jade correspond à la vertu d'un homme de bien. » Aussi le grand sage comparait-il l'agréable douceur de cette pierre à la vertu de bienveillance, sa dureté à la rigueur, sa variété de couleurs à la créativité débrouillarde. Quant à sa transparence, elle représentait pour le philosophe la fidélité.

Le jade, si évocateur de prospérité en Chine, constitue aussi un rappel de l'amour, de la beauté du sentiment amoureux. Une légende raconte qu'un jeune seigneur chassant un papillon était rentré par inadvertance dans le jardin d'une propriété privée. Là, au lieu de recevoir la punition qu'il craignait, il rencontra celle qui allait devenir son épouse bien-aimée. Depuis, un papillon de jade en bijou évoque l'amour heureux et est souvent offert en cadeau de fiançailles.

On utilise aussi une coupe de jade en forme de coq pour porter un premier toast aux mariés. Ce rite vient d'une autre légende[3] : un coq blanc avait assisté au suicide de sa propriétaire qui s'était jetée dans un puits après avoir appris la mort de son amant. Par compassion pour la jeune femme, le coq se donna la mort de la même façon. En ce sens, utiliser une coupe en forme de coq pour boire ensemble revient à signifier l'engagement « jusqu'à ce que la mort nous sépare ».

Un allié pour la santé

Le taoïsme, philosophie première des Chinois, a aussi fait une grande place à la prescription de jade dans sa recherche de santé. Les anciens médecins pensaient que de la poudre de jade bue

3. George Frederick KUNZ, *The Curious Lore of Precious Stones*, Dover Publications, New Edition, 1971.

avant la mort évitait le processus de décomposition du corps. Chez un patient souffrant d'asthme ou de problèmes cardiaques, ils prescrivaient la pierre absorbée sous forme de minuscules galets (de la taille de grains de riz). Le jade pouvait se répandre aisément dans tout l'organisme, imprégnant celui-ci sans modifier son équilibre naturel et lui offrant un concentré de ses vertus bénéfiques : tonifier, redonner de la vigueur.

Aujourd'hui encore, il est dit que si quelqu'un porte quotidiennement un bijou en jade, l'esprit de la pierre se fond avec le qi (énergie vitale en médecine traditionnelle chinoise) de la personne : le jade devient plus lisse et plus éclatant, tandis que la constitution physique de l'individu se renforce[4].

4. Lire l'article de la journaliste Anaïs CHAILLOLEAU dans « La Chine au présent », 27/01/2014.

PEUPLES AMÉRINDIENS : LES PIERRES COMME RELAIS ENTRE LE SOLEIL ET LA LUNE, LE CIEL ET L'EAU

« Turquoise rafale fuient
Par couples les perroquets
Véhémences
Le monde flambe. »

Octavio Paz[5]

Parures de poitrail, bagues, ceintures... Pour les indiens d'Amérique centrale ou ceux des plaines d'Amérique du Nord, les minéraux sont un langage qui fait lien entre le bleu du ciel et de l'eau, l'air et la pluie.

Ainsi, on a découvert que l'intérieur des plus beaux temples aztèques était décoré de mosaïques composées de minuscules turquoises et émeraudes. L'un des symboles majeurs de cette région du monde était le « serpent de turquoise » qui a donné l'un des plus anciens bijoux aztèques conservés au British Museum. Ce « serpent à double tête », fait de turquoises et de coquillages, rappelle combien la mue des serpents était symbole de renaissance pour un peuple qui vénérait aussi « le serpent à plumes », Quetzalcóatl.

Mais les Hopi, les Pima, le peuple Pueblo du Mexique... tous vénèrent aussi la turquoise qui, pour eux, fait le lien entre le ciel, la terre et la pluie. Une des légendes navajos rapportée par Bruce G. Knuth[6] le rappelle : le premier Homme et la première Femme

---

5. Octavio PAZ, *Versant Est*, trad. Yesé Amory, Gallimard-Poésie, 1978.
6. Bruce G. KNUTH, *Gems in Myth, Legend and Lore*, Jewellers Press, Colorado, 2007.

s'étaient donné pour mission de créer la Lune et le Soleil afin d'éclairer la terre. Avec une sphère de pierre claire, sertie sur son entour d'une rangée de turquoises, ils fabriquèrent l'astre solaire. Comme le monde était éclairé, l'Homme et la Femme virent alors que la terre était recouverte d'eau. Afin de drainer cette mer, et de dégager des pays de terre, il leur fallut creuser des tranchées. Cela représentait un énorme travail et seules des épées de turquoise serties de corail leur semblèrent assez solides pour le faire. Grâce à ces outils sacrés, la terre fut redessinée en territoires secs, vastes océans et immenses tranchées permettant aussi d'amener de la terre dans la mer.

Les pierres compagnes de transformation

Symbole de séparation et construction, la turquoise est éminemment recherchée et célébrée par tous ces peuples amérindiens. Ainsi, aujourd'hui encore, les Navajos affirment que le vent continue de souffler, car il cherche constamment des pierres de turquoise. Pour les Zuni, la turquoise bleue symbolisait le masculin

Pierre qui soigne, la turquoise apporte aussi chance et protection lorsqu'elle est portée en bijoux.

et le ciel, tandis que la pierre plus verte, féminine, représentait la terre. Les hommes-médecine de tous ces peuples estimaient que la turquoise protégeait des grands orages et du tonnerre.

Une autre pierre, particulièrement vénérée, est très prisée chez les Apaches : l'obsidienne. Elle aussi, c'est son pouvoir de faire relais entre la terre et l'eau qui l'honore. La légende dite de « la larme apache » est attachée à ces pierres transparentes en forme de goutte d'eau ou de larme qu'on trouve en Arizona, et qu'on considère comme apaisantes.

Cette histoire transmise de génération en génération raconte la tragédie vécue par soixante-quinze Apaches. Alors qu'ils se croyaient en sécurité dans leur montagne, ils furent attaqués à l'aube par la cavalerie américaine : deux tiers de leurs combattants périrent sauvagement massacrés. Et les survivants, blessés ou terrifiés, préférèrent se jeter du haut d'une falaise plutôt que de se rendre aux Blancs. Les mères, femmes et fiancées de ces hommes s'installèrent près du charnier et pendant une lune entière pleurèrent leurs disparus. On dit que leur tristesse était si grande que le Grand Esprit transforma leurs larmes en obsidiennes noires qui, lorsqu'elles sont regardées au travers de la lumière, révèlent la pureté des pleurs d'alors. Malgré cette triste histoire, ces pierres sont vues comme des talismans : on prétend que celui qui en porte n'aura plus jamais à pleurer[7] !

7. D'après une légende jicarilla, *Apache Teardrop*.

LA SYMBOLIQUE DES PIERRES DANS LES CONTES ET LES RÊVES

« Les minéraux sont les étoiles du monde inférieur. »

Paracelse

Partenaires des hommes depuis les temps les plus anciens, les minéraux précieux ont profondément nourri leur imaginaire. Pas étonnant donc qu'on retrouve les gemmes dans les contes, ces histoires initiatiques qui se sont transmises de génération en génération, puis dans les rêves de ceux qui les ont écoutées.

Dans les contes, les pierres les plus précieuses sont bien sûr marques de richesse : ainsi, rois et reines, princesses et fées dotées de pouvoirs magiques arborent des colliers de diamants et d'émeraudes, des parures composées de joyaux de toutes sortes. Pensez à *Peau d'âne* et aux tenues magnifiques brodées de pierreries que portait la princesse...

LES PLUS NOBLES QUALITÉS DANS LES CONTES

Mais le plus souvent, cette qualité strictement matérielle des pierres précieuses doit être transcendée par les héros des contes et leurs lecteurs : dans le diamant, ils doivent voir la pureté de l'âme ; dans le rubis, le courage ; dans l'émeraude, l'espoir... Ce sont alors l'éclat et la couleur de la pierre qui deviennent les symboles des plus nobles qualités humaines.

Ainsi, dans le conte *Les Fées* de Charles Perrault, la fille cadette d'une méchante veuve, sorte de Cendrillon maltraitée par sa mère et sa sœur aînée, reçoit un jour d'une fée qu'elle avait aidée un magnifique don : lorsqu'elle parle, à chaque mot qu'elle prononce, une fleur ou une pierre précieuse sort de sa bouche. On imagine la joie toute matérielle des deux mauvaises femmes qui vivent auprès d'elle : si elles parviennent à tromper la fée, celle-ci donnera le même pouvoir à la fille aînée ! Mais les événements ne se déroulent pas comme elles le souhaitent. En réalité, parce qu'elle n'est pas dupe, la fée dote la brutale orgueilleuse d'un triste pouvoir : quand elle parle, des vipères ou des crapauds tombent de sa bouche !

Dans ce conte, on voit bien que les pierres précieuses correspondent aux plus belles qualités de la cadette : sa compassion, son humilité, son courage... Là sont les vrais trésors de la vie, suggère Perrault. Et d'ailleurs, c'est cette jeune fille valeureuse que le Prince choisit comme épouse à la fin de l'histoire...

DÉCELER LA VRAIE RICHESSE

La capacité à dépasser la seule valeur matérielle des pierres pour en percevoir le message spirituel et la leçon de vie qu'elles transmettent est fréquente dans les contes. Ainsi, cette histoire du moine qui avait trouvé une pierre précieuse[8] et l'emportait avec lui dans son périple. Un jour, alors qu'il partageait son maigre repas avec un autre voyageur, celui-ci voyant la pierre précieuse, la lui demanda. Spontanément, avec un grand élan du cœur, le moine la lui offrit. Quelque temps après, on raconte que le voyageur cherchait avec empressement le moine pour lui demander de reprendre expressément son cadeau. Étonné par ce geste, le moine voulut en connaître la raison : « Parce que je veux que tu me donnes quelque chose de plus précieux que ce beau minéral, supplia le voyageur : je veux ce qui t'a permis de me le donner. » Ainsi, les qualités humaines auxquelles chaque pierre renvoie peuvent nous accompagner de manière profitable en nous poussant au meilleur de nous-même.

LE MOI PROFOND DANS LES RÊVES

Le symbolisme de chaque pierre (voir « Les pierres selon leur couleur », page 31) permet aussi de comprendre le sens de leur appa-

8. Racontée par Carlos G. Vallès dans sa biographie d'Anthony De Mello : *Anthony De Mello : Sans arme ni bagage*, Desclée de Brouwer, 1999.

rition dans nos rêves. De manière générale, on peut dire qu'elles y ont un sens bénéfique. N'oublions pas que pour les premiers hommes, tout objet scintillant et qui avait la propriété de refléter la lumière était un objet protecteur. Le grand ethnologue Mircea Eliade (1907-1986), notamment, qui a suivi les hommes-médecine de peuples innombrables et assisté à de grandes initiations, a rapporté combien les objets scintillants, et donc de nombreuses pierres, étaient utilisés afin de se protéger des esprits malfaisants. Les cristaux jouaient selon lui le rôle « d'esprits auxiliaires ».

Dans les rêves, la pierre précieuse évoque le moi le plus profond de la personne, celui que le grand psychanalyste Carl G. Jung (1875-1961) a nommé « le Soi », et qu'on pourrait aussi définir comme son âme. Selon qu'elle apparaît à l'état brut, ou travaillée sous forme de bijou, la pierre précieuse donne lieu à une interprétation différente. Encore caillou, ou ensevelie sous terre, crottée de glaise, elle indique que certaines qualités du dormeur sont encore refoulées et demandent à être travaillées, mises en action. On pourra alors s'inspirer de la couleur pour pousser l'interprétation : si l'on admet que le grenat a la couleur du courage, ou le saphir celle de l'inspiration, il s'agira d'interpréter le message du rêve en ce sens. Ce sont ces aspects que la personne doit intensifier par ses comportements quotidiens.

Lorsque les pierres apparaissent en collier, ou en bagues, enserrées dans des bijoux étincelants, elles peuvent indiquer une inflation de l'ego chez le dormeur : que cherche-t-il à mettre en avant ? Fait-il preuve d'arrogance en cette période ? Parfois même, elles peuvent symboliser une forme d'emprisonnement. Si le collier porté est trop gros ou trop lourd, elles invitent à se poser une question : qu'est-ce qui vous entrave en ce moment ?

Ainsi, plus la connaissance des pierres s'affine, plus la connaissance de soi peut donc s'approfondir.

LES PIERRES SELON LEUR COULEUR

LES COULEURS PRIMAIRES ET SECONDAIRES

ROUGE. Symbolise la force, le dynamisme, l'énergie, le courage et l'ambition. Brûlante comme le feu, l'ambition peut aussi être agressive, autoritaire, provoquer la colère ; c'est pourquoi les pierres rouges sont déconseillées aux personnes naturellement agressives.
Pierres : grenat, pierre de soleil, corail, rubis.

BLEU. Symbolise l'intuition ; propice à la méditation, à l'introspection, à la recherche de la vérité et de la connaissance. Couleur généreuse, elle ouvre à l'écoute et au dialogue, équilibre, donne un grand sens de la justice, du devoir, de la rigueur, de la loyauté et de la persévérance. Sobre et reposante.
Pierres : lapis-lazuli, saphir.

BLEU FRANC CLAIR. C'est aussi une couleur apaisante, qui permet de se dégager de la réalité pour se réfugier dans le spirituel. Féminine et douce, parée de toutes les qualités maternelles, c'est la couleur des idéalistes.
Pierres : topaze bleue, aigue-marine, disthène.

BLEU NUANCÉ DE VIOLET. Couleur très spirituelle, intuitive, qui favorise la culture, le bon goût, le sens artistique. C'est la couleur du charme et de l'élégance.
Pierre : tanzanite.

BLEU NUANCÉ DE VERT. Couleur intellectuelle par excellence, le bleu turquoise exerce un certain attrait. Est-ce parce qu'il donne une meilleure opinion de soi-même ? Il permettrait de trouver l'équilibre et la stabilité. Facilite les relations sociales, engage au dialogue. Permet de se discipliner, d'être plus exigeant vis-à-vis de soi-même, plus méthodique, et donne beaucoup d'imagination.
Pierres : turquoise, chrysocolle.

JAUNE. C'est le soleil, chaud, puissant, rayonnant. C'est la couleur du bonheur, de la gaieté et de l'intelligence. N'incitant pas à

la patience, il permet de précipiter les événements et d'occasionner des changements.
Pierres : citrine, ambre jaune, saphir jaune.

VIOLET. Composé de bleu et de rouge, le violet est la couleur de l'élévation spirituelle, parfois de l'utopie. N'étant pas en prise avec le monde matériel, le violet ne favorise pas la prise de responsabilités. Le violet nuancé de pourpre est plus flamboyant, plus solennel. Il est très fortement individualiste, et souvent autoritaire. Il est aussi idéaliste, sensible, mais quelque peu velléitaire. C'est plus une couleur de réflexion que d'action.
Pierres : améthyste, fluorine, charoïte.

ORANGE. Il est composé de rouge et de jaune. Si le jaune domine, c'est un jaune d'or. Plus de rouge et c'est un vermillon, énergique et courageux. L'orange est la couleur des plaisirs matériels. Il est sociable et amical, convivial et bavard. Son dynamisme apporte un regain de jeunesse et de curiosité. Il est particulièrement stimulant. C'est la couleur de la spontanéité et de l'attachement au matériel.
Pierres : citrine orangée, cornaline, pierre de soleil, opale de feu, calcite orange, topaze impériale.

VERT. Composé de bleu et de jaune. C'est la couleur de l'espoir. Il est apaisant. Comme les feuilles du printemps, il est le symbole du renouveau. Il apporte beaucoup de douceur, de sincérité, d'harmonie et d'équilibre. Il est le lien de l'homme au végétal. Bien que réputé pour sa modestie, il donne le courage d'aller vers autrui. Lorsqu'il se nuance de bleu, le vert devient plus égocentrique et incite à la fois à l'affirmation de soi et au repli sur soi. A contrario, lorsque le vert est nuancé de jaune, il est plus dirigé vers les autres, plus détendu.
Pierres : amazonite, péridot, certaines aigues-marines, aventurine, émeraude, chrysoprase, tourmaline.

LES COULEURS TERTIAIRES

Ce sont des couleurs issues du mélange d'une couleur primaire et d'une couleur secondaire.

MARRON (à dominante rouge). C'est la couleur de la passion calme ; elle apporte un mûrissement de la personnalité, une expérience qui incite à la tolérance, à la générosité, à l'amabilité.
Pierres : certaines cornalines, jaspe rouge, œil-de-taureau.

OCRE (à dominante jaune ou verte). L'ocre est la couleur de la gaieté contenue, peu expansive, du bonheur apprécié pour sa tranquillité, son calme.
Pierres : œil-de-tigre, jaspe jaune, paesine.

BRUN (plus sombre que l'ocre, jusqu'à des nuances violacées). C'est la couleur de la terre, de l'enracinement au sol. Elle révèle une personnalité stable et forte. Elle est patiente, endurante, mais sans avoir le sens de l'effort. Responsable, économe et généreuse, c'est une couleur de grande sagesse et de maîtrise intellectuelle, lorsqu'elle se nuance de violet.
Pierres : quartz fumé, certains jaspes.

BLANC. Il représente la lumière et, de ce fait, la synthèse de toutes les couleurs. En faisant passer un faisceau lumineux blanc à travers un prisme, on le décompose en arc-en-ciel. En lithothérapie, il en est de même. Lorsque le blanc entre dans une autre couleur, il la « pastellise » en l'attirant à la lumière. La pierre de référence en lithothérapie est le cristal de roche translucide, considéré comme une pierre blanche. Le blanc est la lumière de la connaissance, du savoir, de la pureté de l'âme.
Pierres : pierre de lune, diamant.

NOIR. C'est la couleur de la conscience, protectrice et rassurante. Elle absorbe la lumière mais la garde en son sein. Elle est profonde mais ses ténèbres recèlent un trésor : la vérité. Le noir est

solennel, sérieux, dépourvu de fantaisie. Il n'incite pas au délire, mais à garder les pieds sur terre.
Pierres : tourmaline, shorl, obsidienne, onyx, jais.

GRIS. Entre lumière et ténèbres. Il permet de chercher un compromis, de trouver un équilibre ; c'est la couleur de l'humilité.
Pierres : certains quartz fumés, certaines agates.

ARGENT. C'est un gris brillant ; sa richesse est discrète, mais sa puissance est grande.
Pierre : hématite.

OR. Jaune brillant, symbole de richesse, de puissant rayonnement.
Pierres : pyrite de fer, rutile dans le quartz.

Avertissement : dans le chapitre suivant, les pierres sont classées selon leurs propriétés. Chaque pierre présente cependant plusieurs propriétés et qualités, mais nous les avons intégrées dans la catégorie qui leur correspond le plus. Exemple : si l'hématite donne une grande vitalité, elle le fait en harmonisant les forces. Elle est donc classée dans les pierres d'harmonie.

PIERRES D'HARMONIE ET D'INTROSPECTION

AMÉTHYSTE

Origine
Brésil, Uruguay, États-Unis, Sri Lanka, Inde, Madagascar, Afrique de l'Est.

D'après l'étymologie grecque de son nom, *ametusthos*, « qui n'est pas ivre », elle combat l'ivresse.

● Aspect et composition

Du mauve au violet soutenu selon la quantité de fer et de manganèse présents. Cristaux pointus, transparents. Se présente sous forme de géode, de groupe de cristaux ou de cristal isolé. Toutes tailles. Elle est composée de dioxyde de silicium.

▲ Symbolise

La sincérité, la spiritualité. Autrefois, on attribuait à l'améthyste des pouvoirs surnaturels et on l'utilisait comme un talisman apportant chance et force, protégeant des sorts et de l'ivresse. Incitait à la sobriété.

● Propriétés

L'améthyste est considérée comme la pierre de la sagesse, de la tempérance, de la sérénité et de l'équilibre. Elle favorise l'élévation spirituelle, la clarté de l'esprit. Elle agit contre le stress, calme les angoisses, est efficace pour lutter contre les troubles du sommeil.
Elle soulage les maux de tête, les tensions nerveuses, aide à combattre les addictions à l'alcool, au tabac, aux drogues. Pendant la méditation, elle éloigne ce qui pourrait nous distraire et aide à la concentration.

● Utilisation

Sur les tempes, elle calme les migraines.
Une géode, un morceau brut ou une belle boule harmonisent le lieu où elles se trouvent, le purifient et procurent paix et détente. Dans une chambre, elle favorise un sommeil calme et profond : on peut placer un morceau d'améthyste brute sur la table de nuit ou plusieurs petites pierres roulées polies – ou des pierres un peu plus grosses – sous l'oreiller.
On peut la porter sur soi, en collier, pendentif, bracelet, bague, mais en vérifiant bien que la pierre reste en contact avec la peau pour plus d'impact.

● Entretien et purification

Eau distillée, amas de quartz, soleil. Mais la purification est rarement nécessaire.

OBSIDIENNE

Origine

Mexique et monde entier.

Son nom vient d'Obsius, personnage de la Rome antique qui la découvrit. Elle a longtemps été utilisée pour fabriquer des pointes de flèches particulièrement acérées.

● Aspect et composition

D'origine volcanique, c'est une lave en fusion, riche en silice, qui s'est rapidement refroidie sans avoir le temps de se cristalliser.
Son aspect est vitreux, opaque, translucide, de couleur noire, grise, brune, argentée, dorée, rarement verte.

▲ Symbolise

La lucidité. C'est, dit-on, la « pierre des guerriers », qui a le pouvoir de transformer le noir en lumière.

● Propriétés

L'obsidienne agit comme un bouclier. Issue des profondeurs de la terre, elle nous conduit au plus profond de nous-mêmes. Associée à un cristal de roche, elle aiguise notre vision interne, chasse les illusions et agit comme un miroir. Elle peut nous aider à percer les véritables causes d'un problème. Mais attention, il faut être prêt à accepter de connaître la vérité sur soi ! Elle peut nous obliger à travailler sur nos défauts et les émotions enfouies qui influent négativement sur notre comportement. Si l'on accepte de faire face à ses problèmes, l'obsidienne offrira son soutien tout au long du chemin pour y parvenir.

● Utilisation

Elle est déconseillée aux enfants et aux adolescents, car trop puissante. Sous forme de boule, en compagnie d'un cristal de roche pour équilibrer ses effets, on la placera dans la pièce principale comme pierre de protection. À porter sur soi, en bijou lorsque l'on est prêt à commencer un travail d'introspection. Si l'on se sent trop oppressé, ne la garder que très peu de temps sur soi et attendre d'être mieux disposé pour la porter à nouveau.

● Entretien et purification

Amas de quartz, soleil, lune, lumière.

HÉMATITE

Origine
Île d'Elbe, Brésil, Espagne, États-Unis, Angleterre.

Son nom vient du grec *haima-atos*, « sang ».

● Aspect et composition
Gris-noir à l'éclat métallique, rouge, brun, opaque. De forme rhomboédrique, à cristaux surtout tabulaires. C'est une pierre composée d'oxyde de fer.

▲ Symbolise
La régénération et la vitalité. Dans l'Antiquité, l'hématite très polie était utilisée comme miroir.

● Propriétés
L'hématite est une pierre d'ancrage ; très concrète, elle harmonise le corps et l'esprit. Elle fortifie la volonté et développe la confiance en soi. Elle permet de sortir de certaines situations avec détermination et aide à reprendre goût à la vie dans des périodes difficiles. L'hématite convient aux personnes apathiques, à qui elle transmet de l'énergie et du courage.

Elle a des effets défatigants, déstressants, et soulage les problèmes circulatoires, résorbe les hématomes et diminue les crampes.

● Utilisation
Lors d'efforts physiques ou en cas de grande fatigue : à porter en collier, bracelet, ou sous forme de pierre roulée dans la poche.
En cas d'insomnie, associée à l'améthyste, elle favorisera un sommeil paisible et réparateur : placer sous l'oreiller une ou plusieurs petites pierres roulées polies. Pour les problèmes circulatoires : à porter en collier ou bracelet, en contact avec la peau.

● Entretien et purification
Eau distillée salée, soleil, amas de quartz.

TOURMALINE MULTICOLORE

Origine
Sri Lanka, Brésil, Afrique, États-Unis, Australie, Afghanistan.

Les Hollandais l'importèrent de Ceylan en Europe, en 1703, et lui donnèrent le nom cinghalais de *turamali*, dont le sens est demeuré inconnu.

● Aspect et composition
Cristaux le plus souvent allongés, à coupe transversale triangulaire, aux coins arrondis. Transparente ou opaque, dans une gamme de couleurs riche : elle peut être incolore, rose, rouge, jaune, brune ou multicolore. Il s'agit d'un silicate complexe de roches acides (borosilicates d'aluminium avec fer, magnésium et alcalis).

▲ Symbolise
L'unité. Les sorciers cinghalais utilisaient ses propriétés pour tirer des oracles des cendres.

● Propriétés
Encore brute, c'est une pierre qui attire comme un aimant les poussières et autres corps légers de l'environnement lorsqu'on la chauffe. Une de ses extrémités est chargée positivement, l'autre négativement. Elle comprend toutes les couleurs des tourmalines et, de ce fait, elle relie et unit le corps et l'esprit. Elle permet d'attirer à soi l'amitié, l'affection. Génératrice d'harmonie, elle favorise la noblesse des sentiments. Elle rend les idées claires et limpides, inspire créativité et imagination. Elle incite à la droiture et à l'honnêteté. Elle a un effet antidépresseur et apaise les blessures émotionnelles.

● Utilisation
À porter en collier, pendentif, bracelet, bague.

● Entretien et purification
Eau distillée salée, amas de quartz, soleil. Purification fréquente.

PIERRE DE LUNE

Origine
Sri Lanka, Australie, Birmanie, Brésil, États-Unis, Inde, Madagascar, Tanzanie.

Son nom vient de ses reflets argentés et bleutés, rappelant la clarté lunaire.

● Aspect et composition

Pastel, jaune, incolore, à reflets bleutés. Elle est composée d'aluminosilicate de potassium.

▲ Symbolise

La sincérité, la spiritualité. Autrefois, on lui attribuait également la candeur et l'intuition. Traditionnellement, on s'en servait pour renforcer les dons psychiques et développer la clairvoyance.

Une légende raconte qu'au Sri Lanka, « au ve siècle avant J.-C., par une nuit de pleine lune, les rayons de notre satellite se transformèrent en une pierre d'une couleur extraordinaire dotée de pouvoirs magiques. Les habitants fouillèrent le sol pour la trouver car ils avaient remarqué qu'elle attirait la pluie, source de vie au mois d'août, lors de la grande fête de la Perahera. On en retrouve en incrustation dans des temples remontant à plus de 1 000 ans avant J.-C[1]. »

1. Légende rapportée par Patrick Voillot sur www.patrickvoillot.com/fr/pierre+de+lune.

● Propriétés

Cette magnifique pierre de lune, comme son nom l'indique, porte les pouvoirs de la lune et développe les qualités féminines telles que la réceptivité et l'intuition. C'est la pierre de la candeur, de l'enfance. Elle stimule l'imagination, incite à la rêverie et à la poésie. Elle apporte de la tolérance aux personnes dures, calme les réactions excessives, apaise les émotions et le stress. Elle est idéale pour compenser nos tendances trop terre à terre et matérialistes. Sur le plan physique, elle soulagerait les douleurs menstruelles et favoriserait l'équilibre hormonal. Elle intensifierait les montées de lait pendant l'allaitement.

● Utilisation

On évitera de la porter pendant la pleine lune, car son énergie serait alors trop forte, surtout pour une femme.

À porter en collier, pendentif, bague, bracelet.

● Entretien et purification

Eau distillée, amas de quartz, beaucoup de lumière lunaire, lumière solaire.

CYANITE (DISTHÈNE)

Origine

Brésil, Birmanie, États-Unis (Caroline du Nord), Autriche (Tyrol), Kenya (région de Machakos), Russie (Oural), Suisse (Pizzo Forno et Monte Campione).

Son nom vient du grec *cyan*, « bleu ».

● Aspect et composition

Incolore à bleu, vert-bleu, gris, jaunâtre. Sa couleur bleue est donnée par le titane et le fer. Prismes longs, plats et fragiles. C'est un silicate d'aluminium.

▲ Symbolise

L'intuition, la tranquillité.

⬢ Propriétés

Excellente pour la méditation, car c'est une pierre qui peut créer rapidement le calme, réduire la tension et restaurer un équilibre. Elle aide à la connaissance de soi, convient aux personnes timides qui souffrent de complexes, car elle apaise les angoisses et favorise l'expression personnelle. Elle calmera également les personnes colériques et leur permettra de mieux comprendre leur comportement afin de le modifier. Elle sera très utile pour les acteurs et les orateurs, car elle fortifie la voix, et facilite aussi l'apprentissage des langues. Elle sensibilise aux arts plastiques et à la musique. Elle stimule l'intuition et les dons psychiques.

⬢ Utilisation

À porter en collier, pendentif, bracelet, ou sous forme de pierre roulée polie dans la poche.

● Entretien et purification

Eau distillée, pas de sel, amas de quartz, lumière lunaire.

QUARTZ RUTILE

Origine
Brésil, États-Unis (Arkansas, Géorgie, Virginie), Suisse, Australie (Para Wirra), France (Bretagne, Ariège), Madagascar.

Son nom vient du latin *rutilus*, « rouge ».

● Aspect et composition
Cristal de roche ou quartz fumé traversé d'aiguilles de rutile (appelées « cheveux de Vénus »), doré ou rouge orangé ou argenté. C'est un dioxyde de silicium (quartz) avec oxyde de titane (rutile).

▲ Symbolise
La guérison, la vitalité.

● Propriétés
Les propriétés du cristal de roche prennent une dimension supplémentaire grâce au rutile. Ici, la clarté de l'esprit est associée à l'action. C'est une pierre qui illumine l'âme, favorise l'évolution spirituelle et procure force et résistance. Elle sera utile aux thérapeutes ainsi qu'aux psychologues, car elle permet d'analyser les événements du passé qui affectent le présent et peut ainsi les aider à mieux comprendre le mal-être de leurs patients. Elle atténuerait les humeurs chagrines et, par conséquent, serait un bon antidépresseur. Elle serait aussi salutaire pour les poumons et les problèmes respiratoires, une alliée en cas de bronchite.

● Utilisation
À porter en collier (pour les problèmes respiratoires, rhumes, bronchites, toux), associé à l'ambre (pour les problèmes d'asthme), en pendentif, bracelet, ou pierre roulée polie dans la poche.

● Entretien et purification
Eau distillée salée, beaucoup de soleil.

PIERRES D'ÉNERGIE, D'ACTION ET DE MOTIVATION

CRISTAL DE ROCHE (QUARTZ)

Origine

Se trouve dans toutes les parties du monde. En particulier au Brésil, aux États-Unis (Arkansas), à Madagascar, en France.

Le nom « cristal » vient du grec *krystallos*, « glace », qui se réfère à l'aspect transparent du minéral.

● Aspect et composition

Longs cristaux pointus, transparents, laiteux, souvent en groupe, de toutes tailles, incolores, avec parfois des inclusions de rutile. Il est composé de dioxyde de silicium.

▲ Symbolise

L'énergie. Les Romains de l'Antiquité avaient l'habitude de se rafraîchir les mains en manipulant des boules de quartz polies. Le cristal de roche passait pour de la glace qui ne fondait pas. Il était aussi considéré comme une pierre de lumière qui éloignait les ténèbres.

● Propriétés

Le cristal de roche est à la fois un récepteur et un émetteur, un transformateur et un amplificateur énergétique. C'est une pierre excellente pour stimuler la circulation énergétique et lever les blocages. Très utile lorsqu'on veut reprendre des forces après des périodes de fatigue, il dynamise. Il favorise la clarté de l'esprit et la neutralité, améliorant ainsi notre perception et facilitant la compréhension de nous-même et des autres. Conseillé en association avec d'autres pierres pour amplifier leurs propriétés.

● Utilisation

Pour harmoniser et diffuser une énergie positive, on placera un beau quartz brut ou une belle boule dans le lieu désiré. En cas de fatigue, d'épuisement, le cristal de roche pourra être porté en collier, pendentif, bracelet, en contact avec la peau, ou sous forme de petite pierre roulée polie, sur soi ou dans la poche. Le cristal de roche sert aussi de base pour le massage avec les pierres.

● Entretien et purification

Eau distillée salée, beaucoup de soleil (le cristal de roche adore être placé en plein soleil le plus souvent possible). Nettoyage fréquent.

GRENAT

Origine
République tchèque, Slovaquie, Afrique du Sud, Madagascar, Sri Lanka, Inde.

● Aspect et composition

Le groupe des grenats est riche et comporte des pierres transparentes, translucides ou opaques, de couleurs variées. Le grenat almandin, silicate d'aluminium et de fer, est rouge tirant parfois sur le brun ; le grenat pyrope, silicate d'aluminium et de magnésium, est rouge-brun. Enfin, le grenat grossulaire, silicate d'aluminium et de calcium, est vert, jaunâtre ou brun orangé.

▲ Symbolise

L'énergie et le courage. Dans l'Égypte ancienne, le grenat protégeait le nouveau-né du mauvais sort. Noé aurait, paraît-il, utilisé une lanterne pourvue de grenats pour orienter son arche dans l'obscurité.

● Propriétés

Le grenat est la pierre de la persévérance. Elle donne de l'énergie et de la force, en stimulant la confiance, l'espoir et la volonté de surmonter les difficultés. C'est une pierre qui apporte vitalité et charisme. Sur le plan physique, le grenat améliorerait la circulation sanguine grâce à sa forte teneur en fer et s'avérerait donc très utile en cas de fatigue, compensant les insuffisances veineuses (mains et pieds froids, jambes lourdes). Il relancerait la vigueur et la fougue physiques.

● Utilisation

Le grenat est déconseillé aux hypertendus, aux personnes colériques, aux ambitieux, pour qui il serait trop énergisant. En revanche, il convient parfaitement aux personnes posées et calmes.
À porter en collier, pendentif, bague, bracelet, ou sous forme de pierre roulée dans la poche.

● Entretien et purification

Eau distillée salée, beaucoup de soleil, amas de quartz.

CORNALINE

Origine
Inde, Brésil, Madagascar.

Elle doit son nom à sa couleur, qui rappelle celle de la cornouille, fruit du cornouiller. C'est une variété de calcédoine.

● Aspect et composition

Rouge, orange, rose, brun. Elle est faite de dioxyde de silicium.

▲ Symbolise

La joie de vivre. Dans les temps anciens, la cornaline avait la réputation de dissiper les émotions et d'apaiser la colère. Courante dans l'Égypte ancienne, elle était utilisée pour protéger le parcours du mort vers l'au-delà.

● Propriétés

La cornaline est une pierre tonique ; elle réchauffe, rend joyeux, apporte l'amour de la vie. C'est une pierre puissante qui donne de la vitalité et de l'énergie. Déconseillée aux personnes tendues. Très utile pour la concentration, elle renforce le mental, donne de la motivation et du courage, stimule le goût d'entreprendre, la réussite et la créativité. Elle oriente vers des choix positifs en donnant confiance en soi.

Elle aidera les personnes confuses ou distraites qui ont du mal à trouver leur voie.
C'est une pierre bénéfique pour la procréation, qui absorberait les énergies négatives provoquant des blocages.

● Utilisation

Une cornaline sous forme de pierre roulée polie ou de galet disposée près de la porte d'entrée, protégera la maison et invitera l'abondance. Dans des périodes d'hésitation, de découragement, pour aider à aller de l'avant : à porter sur soi en collier, bracelet, pendentif ou dans la poche, sous forme de pierre roulée.

● Entretien et purification

Eau distillée salée, beaucoup de soleil, amas de quartz.

AMÉTRINE

Origine
Bolivie, Brésil, Sri Lanka, Inde, Uruguay, Madagascar.

Les Indiens ayoreos (région du Chaco à l'est de la Bolivie) la découvrirent et l'échangèrent contre de la nourriture avec les envahisseurs espagnols.

● Aspect et composition
Cristal transparent. Dégradé de jaune vers le violet, combinaison de citrine et d'améthyste. C'est un dioxyde de silicium.

▲ Symbolise
Le bien-être et la vitalité.
Une légende dit que dans les temps très anciens, dans une région reculée aux limites de la Bolivie et du Brésil, un sorcier emprisonna dans un cristal le manteau violine de l'aube mais le soleil, irrité, cacha celui-ci au plus profond de la terre. Longtemps après, un conquistador aurait présenté à son monarque d'Espagne un échantillon de cette pierre qu'il avait obtenue d'une descendante du sorcier, une princesse de la tribu des Ayoreos, avec laquelle il s'était marié. Mais les Ayoreos préférèrent sacrifier leur princesse plutôt que de la voir partir. Agonisant dans les bras de son époux qui l'étreignait, elle déposa dans sa main une amétrine, gage d'un amour éternel. La mine porterait encore son nom, « Anahi ». Les mineurs prétendent que de temps à autre, le silence des galeries est encore déchiré par les cris du conquistador.

● Propriétés
L'amétrine regroupe les qualités de l'améthyste et de la citrine. Elle apporte optimisme, bonne humeur, et favorise le bien-être en éliminant le stress et la fatigue. Elle stimule la créativité, intensifie la concentration. Elle sera d'une grande aide pour se relaxer ou méditer. La citrine traverse de son rayon de lumière l'améthyste, aussi l'amétrine apporte-t-elle de la chaleur, de la clarté, et intensifie-t-elle le développement spirituel, ramenant l'harmonie et la sérénité dans notre vie. Elle sera très utile dans des moments d'épuisement et de stress où elle ramènera vitalité et joie de vivre.

● Utilisation
À porter en collier, pendentif, bracelet, ou sous forme de pierre roulée polie dans la poche, dans le sac. On peut également la placer dans la chambre, sur la table de nuit ou sous l'oreiller, ou la poser sur le plexus solaire lors d'un moment de relaxation.

● Entretien et purification
Eau distillée salée, amas de quartz, soleil.

CHAROÏTE

Origine

Le seul gisement connu au monde se situe dans le massif du Murun en Yakoutie.

C'est une pierre rare, découverte en Russie en 1976 près de la rivière Chara, d'où elle tire son nom.

● Aspect et composition

Du lilas au violet, semi-opaque. Masses composées de cristaux prismatiques allongés ou de fibres parallèles ou en éventail. C'est un silicate basique de calcium et de sodium avec fer ferrique.

▲ Symbolise

La clarté de l'esprit, le discernement, l'intuition.

● Propriétés

C'est une pierre de transformation et de grande sagesse. Elle aide à voir clair dans les situations difficiles, stimule l'observation et l'analyse. Elle permet, grâce à l'intuition que nous avons tendance à réprimer habituellement, de venir à bout de problèmes qui semblaient insolubles jusque-là. De ce fait, elle facilite la prise de décisions rapides et clarifie un horizon assombri. Elle diminue l'inquiétude et le stress et aide à surmonter les périodes de doute grâce à une vision positive et de la motivation.
Elle vainc l'insomnie et procure un sommeil paisible ; stimulerait nos défenses contre la maladie, notamment en ralentissant l'évolution des dommages du foie et du pancréas.

● Utilisation

À porter en collier, pendentif, bracelet, bague, ou sous forme de pierre polie roulée dans la poche. Peut également être posée dans la chambre sur la table de nuit ou sous l'oreiller.

● Entretien et purification

Eau distillée, pas de sel, amas de quartz, lumière lunaire.

SUGILITE

Origine
Japon (Iwagi Island), Afrique du Sud.

Découverte en 1944, son nom vient d'un de ses découvreurs, le professeur japonais Ken-ichi Sugi.

● Aspect et composition
De couleur pourpre, violet-rose, opaque parfois translucide, légèrement strié. Hexagonal. C'est un silicate de fer, de sodium, de potassium et de lithium.

▲ Symbolise
La force, la puissance, la régénération.

● Propriétés
C'est une pierre rare, à utiliser avec prudence car elle possède une force extraordinaire. Elle apporterait une aide précieuse lors de maladies considérées comme fatales ainsi que pour celles liées à la toxicomanie. Elle renforcerait le système immunitaire et soulagerait la douleur ; favoriserait la régénération. Elle apaise le stress généré par la maladie, les maux de tête aussi. La sugilite est très spirituelle, elle favorise de magnifiques méditations lorsqu'on souhaite aborder les grandes questions sur la vie et autres « Qui suis-je ? Où vais-je ? Quel sens dois-je donner à ma vie ? »...
Elle apporte lumière et amour dans les situations les plus sombres et désespérées, encourage à avoir des pensées positives et, offrant un soutien affectueux, elle apporte sérénité à l'esprit tourmenté. Elle convient aux personnes qui ont du mal à s'adapter en les aidant à faire face à leur mal-être.

● Utilisation
À porter en collier, pendentif, bracelet, bague, ou sous forme de pierre polie roulée dans la poche. Sur le front pour les maux de tête, sur le troisième œil pour calmer le désespoir. Déconseillée aux enfants car elle est beaucoup trop puissante.

● Entretien et purification
Eau distillée salée, amas de quartz. Très peu de soleil.

ŒIL-DE-FER

Origine
Afrique du Sud, Australie, Inde, Birmanie, Ukraine.

● Aspect et composition

Superposition de couches. Combinaison de jaspe rouge, d'oxyde de fer (hématite) et de quartz œil-de-tigre. Reflets vifs, gris métallique. Rouge, jaune, brun, doré. Rhomboédrique. C'est un silicate.

▲ Symbolise

La force, l'énergie, la vitalité, la protection.

● Propriétés

L'œil-de-fer possède les qualités de l'œil-de-tigre (comme celle de la protection), mais dynamisées par la présence d'hématite. Il favorise la vitalité et convient particulièrement lorsqu'on est fatigué, voire lorsque l'on se sent « vidé » sur tous les plans. C'est la pierre des travailleurs de force qui ont beaucoup d'efforts – physiques mais aussi intellectuels – à fournir.

Elle donne un moral d'acier et développe résistance et endurance. Elle aide les personnes âgées en leur donnant le courage d'affronter les soucis propres à leur âge : fatigue, ennui, etc.
C'est la pierre de prédilection des sportifs, car elle leur permet d'atteindre leurs objectifs avec courage et détermination en faisant ressortir leurs qualités.
Elle éviterait aussi les crampes, atténuerait les courbatures et favoriserait la circulation sanguine.

● Utilisation

À porter en collier, pendentif, bracelet, ou sous forme de pierre polie roulée dans la poche.

● Entretien et purification

Eau distillée salée, amas de quartz, soleil.

JASPE ORBICULAIRE (variété de JASPE OCÉAN)

Origine

Découverte vers 1970 à Madagascar, puis oubliée, et redécouverte en 2000, par un pêcheur de langoustes.
Son nom vient du grec *jaspis* qui signifie «pierre mouchetée», et «orbiculaire» évoque les «orbites» que forment les couleurs de la pierre.

● Aspect et composition

Vert, blanc, rose, brun, jaune, opaque, parsemé de nombreux cercles colorés ressemblant à des cellules. C'est un dioxyde de silicium.

▲ Symbolise

La régénération, le renouveau.

● Propriétés

Le jaspe est une pierre de fondation. Il stimule l'esprit d'initiative en favorisant une communication claire et profonde avec les messages envoyés par notre corps. Le jaspe orbiculaire est un protecteur. La vibration régénératrice des masses concentriques colorées résonnerait avec nos cellules, là même où des chocs divers auraient déréglé l'intelligence du corps, rétablissant ainsi l'information. Ce jaspe aurait de ce fait une action sur le rajeunissement des cellules. Il ancre l'énergie dans le corps. C'est aussi une pierre de renouvellement qui aide à affronter l'avenir de façon positive, instaure calme, sérénité et maîtrise de soi en période difficile ou lors de conflits.
Il facilite l'acceptation de sa responsabilité et incite à la patience.
Il apporte son soutien pendant les crises d'incertitude et de découragement, et permet de mieux comprendre la valeur de l'instant présent.

● Utilisation

À porter en collier, pendentif, bracelet, bague, ou sous forme de pierre polie roulée dans la poche.

● Entretien et purification

Eau distillée salée, amas de quartz, soleil.

OPALE DE FEU

Origine
Australie, Mexique, Brésil, États-Unis, Guatemala, Turquie, Honduras, Russie, Kazakhstan.

Elle doit son nom à sa couleur orange éclatant.

● Aspect et composition

Sa couleur hyacinthe, à savoir rouge orangé presque fluorescent, évoque les flammes, le feu et est due à la présence de fer. C'est un silicate hydraté.
Elle ne supporte pas la lumière solaire trop longtemps, car elle peut y perdre sa couleur flamboyante et mourir.

▲ Symbolise

Le désir, l'espoir, le pouvoir personnel.

● Propriétés

C'est une pierre pleine de vitalité, d'énergie, qui éveille le feu intérieur, donne de l'espoir, magnifie les sentiments et les pensées. Elle aide à se libérer du passé et à accueillir les situations nouvelles avec enthousiasme.
Son action peut être un peu trop explosive pour les personnes déjà « tout feu, tout flamme ». Il leur faudra la porter avec une pierre de tempérance. Elle sera excellente pour les affaires, aidera à l'aboutissement des projets, montrant que la foi en la réussite ne peut s'éteindre.
Elle lèverait aussi les inhibitions liées au sexe, et renforcerait le désir et le plaisir.

● Utilisation

À porter en collier, pendentif, bracelet, bague, ou sous forme de pierre roulée polie ou brute dans la poche, ou à poser dans la maison.

● Entretien et purification

Eau distillée, pas de sel, amas de quartz, pas ou très peu de soleil.

PIERRES DE SÉRÉNITÉ ET D'OUVERTURE DU CŒUR

QUARTZ ROSE

Origine
Le Brésil produit une grande quantité de quartz rose, mais c'est à Madagascar que l'on trouve les gisements de la meilleure qualité.

Ce quartz doit son nom à sa couleur.

● Aspect et composition

Transparent, translucide, rose pâle à rose vif. Se présente sous forme de prisme ou le plus souvent en masse compacte. La couleur du quartz rose peut pâlir. Il est fait de dioxyde de silicium.

▲ Symbolise

L'amour, la sérénité, la créativité.

● Propriétés

C'est la pierre de l'amour et la plus importante alliée pour la dimension du cœur. Rayonnant d'amour et de tendresse, elle apporte douceur et sérénité, rassure, apaise et guérit les blessures affectives les plus douloureuses, les chagrins d'amour. Elle aide à s'aimer et à s'accepter tel que l'on est, ouvre le cœur, sensibilise aux joies de l'amour et favorise les rencontres amoureuses. C'est la pierre du pardon. Le quartz rose permet aux personnes endurcies de retrouver la confiance et rend leur cœur réceptif. Elle développe la créativité artistique et accentue la sensibilité. Elle est sécurisante pour l'enfant et l'adolescent.

● Utilisation

À porter en collier, pendentif, bracelet, bague, ou sous forme de pierre roulée. Dans la chambre, près du lit de l'enfant ou de l'adolescent, placer un morceau de quartz rose brut ou un galet. Même chose pour la chambre d'un adulte. Une belle sphère ou un objet en quartz rose pourra être placé dans la maison pour intensifier les sentiments.

● Entretien et purification

Eau distillée salée, beaucoup de soleil, amas de quartz.

RHODOCROSITE

Origine
Argentine, États-Unis, Pérou, Afrique du Sud.

Son nom vient du grec *rhodon*, qui signifie « rose ».

● Aspect et composition
Agrégats compacts, rares cristaux. Transparent ou opaque, rose vif, blanc rosé, rayé de bandes de plusieurs nuances. Il s'agit d'un carbonate de manganèse.

▲ Symbolise
La guérison.

● Propriétés
La rhodocrosite est une pierre antistress, qui favorise un climat de quiétude et de réconfort, dissipe l'inquiétude et l'angoisse, ainsi que les sentiments d'insécurité. Elle aide à la cicatrisation des blessures, tant physiques qu'émotionnelles. Elle est excellente pour le cœur et les relations, et combat notamment les problèmes de jalousie. Elle encourage l'expression spontanée des sentiments et améliore la conscience que nous pouvons avoir de notre propre valeur.

● Utilisation
À porter en collier, pendentif, bracelet. À poser dans la maison sous forme de galet ou de pierre roulée, de préférence dans la chambre ou la pièce principale de la maison.

● Entretien et purification
Eau distillée, soleil, amas de quartz. Purification et rechargement fréquents.

PÉRIDOT (OLIVINE, CHRYSOLITE)

Origine

Mer Rouge, sur l'île volcanique de Zabardag (île de Saint-Jean) à 300 km à l'est d'Assouan. Cet endroit produit des pierres depuis 3 500 ans. Autres gisements moins importants : Afrique du Sud, Australie, Brésil, États-Unis.

● Aspect et composition

Transparent, du vert-jaune, vert olive au vert brunâtre. Le péridot s'appelle aussi olivine, qui signifie « couleur olive », ou chrysolite, en grec « pierre d'or ». Il s'agit d'un silicate ferreux de magnésium.

▲ Symbolise

La félicité. Ce sont les croisés qui introduisirent le péridot en Europe centrale, au XIIe siècle. On l'appela par la suite « pierre des chevaliers » et elle fut très appréciée à l'époque baroque.

● Propriétés

Le péridot préserve notre équilibre. En ce sens, cette pierre est protectrice et dissout les menaces venues de l'extérieur. Elle est à juste titre assez proche, et donc complémentaire, de la labradorite. Très utile pendant les périodes de fatigue, le péridot donne de l'énergie et beaucoup de vitalité à la fois au corps et à l'esprit. Il chasse la mélancolie, le chagrin, les peurs, met rapidement fin aux remords et au sentiment de culpabilité.

Il apporte un sentiment de libération et rétablit l'équilibre, en ramenant la tranquillité et le bien-être dans notre vie. Stimulant l'initiative et la capacité d'apprentissage, il nous aide à penser et à agir par nous-même, à réfléchir avec plus de profondeur sur notre vécu.

● Utilisation

Le péridot ne supporte pas bien la présence d'autres pierres, aussi sera-t-il préférable de l'utiliser et de le porter seul, en pierre de contact, sur soi, en collier, pendentif, bague, ou en pierre roulée dans la poche.

● Entretien et purification

Eau distillée salée, beaucoup de soleil, amas de quartz.

HOWLITE

Origine
États-Unis (Californie), Canada.

Nommée ainsi en hommage au chimiste canadien Henry How (1828-1879) qui l'a découverte.

● Aspect et composition
De couleur blanche à veines grises, mais aussi verte ou bleue (souvent artificiellement colorée pour imiter la turquoise), rognons mamelonnés. C'est un silicate de calcium et de bore.

▲ Symbolise
Le calme, la modération, la sérénité.

● Propriétés
C'est une pierre qui enseigne la patience. Elle encourage à exprimer ses émotions dans la douceur. Elle élimine la colère et tranquillise le mental. Elle favorise la communication sereine et rend imperturbable dans les situations de stress. Elle aide à rester diplomate, modéré et indulgent envers soi-même.
Elle clarifie l'esprit et nous incite à prendre des décisions réfléchies. Elle résoudrait les problèmes de vertiges et de déséquilibre, et serait utile contre l'insomnie.
Elle aiderait à drainer les liquides dans le corps (rétention d'eau) et améliorerait de ce fait l'élasticité de la peau.

● Utilisation
À porter en collier, pendentif, bracelet, ou sous forme de pierre roulée polie à tenir dans la main lors d'un moment de relaxation. Placée près du lit ou sous l'oreiller, elle diminuera l'insomnie.

● Entretien et purification
Eau distillée, pas de sel, amas de quartz.

JASPE MOKAÏTE

Origine

Répandu à travers le monde : Australie (bassin de Carnarvon), Inde, Russie, États-Unis, France, Allemagne.

Jaspe vient d'un mot grec signifiant « pierre mouchetée ».
Le terme « mokaïte » vient de la langue des aborigènes australiens et signifie « eaux vives » en référence au lieu où l'on a identifié cette pierre : Mooka Creek.

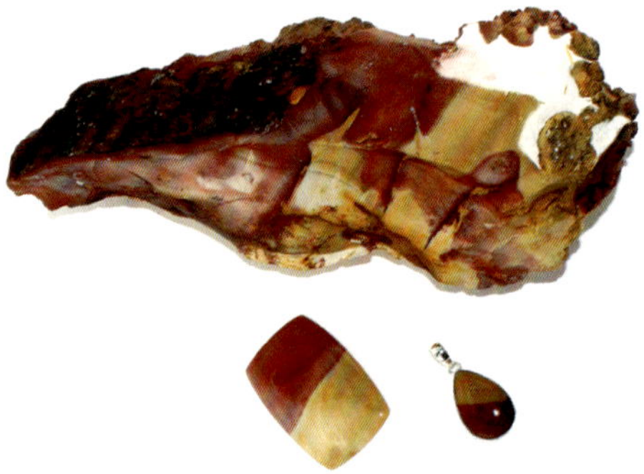

● Aspect et composition

Toutes les couleurs (blanc, jaune, brun, rouge), zébrées, ou tachetées. Opaque. C'est un dioxyde de silicium.

▲ Symbolise

La stabilité et l'équilibre. Dans l'Antiquité, il était utilisé comme amulette contre les maux des yeux et la sécheresse. Les aborigènes d'Australie lui attribuaient aussi un grand pouvoir de guérison.

● Propriétés

C'est une pierre qui procure une profonde sérénité face aux nouvelles expériences. Elle met en évidence toutes les possibilités et nous aidera dans nos choix. Elle facilite la réflexion rapide et favoriserait la mémoire, surtout intuitive. Elle aiderait à être en forme, à perdre du poids. Lutterait contre la rétention d'eau et ralentirait les effets du vieillissement.

● Utilisation

À porter en collier, pendentif, bracelet, bague, ou sous forme de pierre roulée polie dans la poche.

● Entretien et purification

Eau distillée salée, amas de quartz.

SAPHIR

Origine

Australie, Birmanie, Sri Lanka, Thaïlande, Inde.

Son nom vient du grec *sapheiros*, « bleu », pierre précieuse du groupe du corindon.

● Aspect et composition

Sa couleur bleue (avec de nombreuses tonalités) est donnée par les traces de titane et de fer. Cristaux rhomboédriques, hexagonaux ou tabulaires. C'est un oxyde d'aluminium.

▲ Symbolise

Les valeurs spirituelles.
Sa couleur rappelle le bleu du ciel, il est l'emblème du monde divin et de l'immortalité. Pierre des « sages », de la vérité, de l'amour et de la fidélité.
Une légende raconte que l'Himalaya, « séjour des neiges » en sanskrit, était peuplé de géants impudents qui, alors qu'une légère brume recouvrait la région, volèrent aux dieux un morceau de ciel bleu velouté. Ceux-ci, fous de rage et ivres de vengeance, transformèrent ces voleurs en montagnes mais oublièrent le bien volé… C'est ainsi que naquirent les saphirs du Cachemire[10].

● Propriétés

La tradition dit que celui qui porte un saphir réussira ce qu'il entreprend parce que cette pierre est en harmonie avec tous les bleus du ciel et concentre leurs forces éthériques dans sa propre coloration, apportant le bonheur à son possesseur.
Pierre très spirituelle, elle aidera pendant la méditation à trouver la paix et la vérité intérieures. Elle éloigne la mélancolie, attire les personnes sincères et honnêtes.
L'offrir à quelqu'un renforce la relation et favorise des liens durables, une liaison forte et empreinte de fidélité, ce qui en fait un cadeau fréquent dans la relation amoureuse. Il sera cependant souhaitable, en cas de rupture, de rendre cette pierre à la personne qui l'a offerte, sinon il s'avérera difficile de se détacher du lien affectif qu'elle symbolise.
Elle est réservée aux personnes au cœur pur et sincère.
Elle donnerait de la vitalité aux yeux.

● Utilisation

À porter en collier, pendentif, bracelet, bague.

● Entretien et purification

Eau distillée salée, amas de quartz, lumière lunaire.

10. Légende citée par Patrick Voillot sur www.patrickvoillot.com/fr/saphir.

OPALE ROSE (des Andes)

Origine

Pérou.

Son nom vient du mot sanskrit *upala* qui signifie « pierre précieuse ».

● Aspect et composition

Rose laiteux opaque. Amorphe. C'est un dioxyde de silicium hydraté.

▲ Symbolise

L'écoute, l'espoir, la guérison.

● Propriétés

C'est la pierre des larmes, mais aussi celle de l'espoir.

Elle est associée à l'amour, à la passion, et serait un support de guérison des souffrances émotionnelles. Elle diminue le stress et modérerait les emballements du cœur au sens propre comme au figuré. Elle favorise l'acceptation et l'amour de soi, éliminant les complexes, les inhibitions, et aidant à calmer nos exigences et notre recherche excessive de perfection. Elle adoucit le discours et le rend positif. Toute en diplomatie, elle aide au rassemblement autour d'une idée commune en respectant l'intérêt du plus grand nombre. Elle incite à la sincérité, à la cordialité et à l'amitié.

● Utilisation

À porter en collier, pendentif ou bracelet, ou sous forme de pierre polie roulée dans la poche.

● Entretien et purification

Eau distillée, pas de sel, amas de quartz, pas de soleil.

PIERRES DE PROTECTION ET DE RÉCONFORT

PIERRE DE SOLEIL

Origine

Canada, États-Unis, Norvège, Inde, Russie.

C'est le scintillement pailleté de cette pierre qui lui a valu son nom.

● Aspect et composition

Agrégats compacts, cristaux rares. Orange, rouge-brun avec des inclusions de goethite et d'hématite. Elle est constituée d'aluminosilicate de sodium et de calcium.

▲ Symbolise

La force vitale, mais aussi la chance, la bonne fortune.

● Propriétés

C'est une pierre qui rayonne, qui insuffle la joie de vivre. La pierre de soleil est chaleureuse, pleine de gaieté, efficace contre la tristesse, la morosité. Diffusant vitalité et bonne humeur, elle ramène la douceur dans notre vie. Elle nous aide à prendre soin de nous-même. Elle agit comme antidépresseur, accroît la confiance en soi, encourage à l'optimisme, à l'enthousiasme, et permet de s'affirmer positivement. La pierre de soleil élimine les complexes et les sentiments d'échec. Elle nous fait voir la vie du bon côté et nous apporte lumière, chaleur et énergie.

● Utilisation

À porter sur le plexus solaire, sous forme de pierre roulée polie, ou en collier, pendentif, bracelet, ou encore dans la poche.

● Entretien et purification

Eau distillée, amas de quartz, énormément de soleil ; pas de sel.

ŒIL-DE-TIGRE

Origine
Afrique du Sud, Australie, Birmanie, Inde, Californie.

● Aspect et composition

Agrégat fibreux, opaque, jaune-brun mordoré, avec des reflets chatoyants et satinés. Il est composé de dioxyde de silicium.

▲ Symbolise

La protection. Traditionnellement porté comme talisman contre les malédictions.

● Propriétés

L'œil-de-tigre a les propriétés d'un miroir protecteur, renvoyant les vibrations négatives vers celui qui les émet. Il donne de l'énergie et du dynamisme, ainsi qu'une grande indépendance d'esprit. C'est la pierre de la « liberté de pensée », qui confère de la force de caractère et apporte la confiance en soi ; elle permet de rassembler des informations éparpillées, donnant ainsi un bon esprit de synthèse. Elle nous aide à atteindre nos objectifs, à nous montrer plus volontaires. Conviendra aux rêveurs pour les aider à être plus concrets et à atteindre leurs objectifs en améliorant la clarté de leur intention.

L'œil-de-tigre donne le sens de l'amitié, du contact avec autrui, c'est une pierre d'ouverture qui déteste les conceptions figées.

● Utilisation

À porter en collier, pendentif, bracelet, bague, ou sous forme de pierre roulée polie dans la poche, dans le sac, comme pierre de protection.

On pourra placer une ou plusieurs pierres roulées dans la maison, ou au-dessus de la porte d'entrée, pour chasser les ondes négatives.

● Entretien et purification

Eau distillée salée, soleil, amas de quartz.

MALACHITE

Origine
Zambie, Namibie, République démocratique du Congo, Russie.

Son nom vient du grec *malachos*, « mou », ou de sa couleur verte, rappelant les feuilles de la mauve, en grec *malachè*.

● Aspect et composition
Opaque, vert clair, vert sombre, vert émeraude, bandes et rosettes concentriques claires et sombres. Agrégats de cristaux minuscules.

▲ Symbolise
Le changement et la créativité. Autrefois, la malachite était portée en amulette par les Romains, les Égyptiens, les Grecs, pour les protéger des mauvais esprits.
Elle fut aussi utilisée comme fard à paupières par les Égyptiens.

⬢ Propriétés
C'est une pierre de protection qui absorbe les polluants, ceux du corps et ceux de l'air. La malachite encourage au changement, à la prise de risque, à la transformation, et rend la vie plus intense. Elle donne de l'intuition, aide à assumer ses responsabilités, développe la capacité de persuasion, accroît le don d'observation.
Sur le plan physique, elle agit comme anti-inflammatoire, très efficace en cas d'arthrose et d'arthrite, soulage les douleurs rhumatismales et les crampes.
Elle a un effet résorbant en cas d'hématome. Enfin, elle faciliterait aussi l'accouchement.

⬢ Utilisation
Placer une pierre roulée et polie sur les endroits douloureux du corps. Ou à porter en collier, bracelet.

⬢ Entretien et purification
La malachite est poreuse et très absorbante, donc on la purifiera régulièrement sur un amas de quartz ou dans de l'eau distillée sans la laisser tremper, car elle peut devenir terne. Soleil. Pas de sel.

TOURMALINE NOIRE (SHORL, SHORLITE)

Origine
Madagascar, Brésil, Sri Lanka, États-Unis.

● Aspect et composition

Opaque, de couleur noire, brillante. Cristaux allongés à coupe transversale aux coins arrondis. Elle est composée de silicate de bore, d'aluminium, de fer et de sodium.

▲ Symbolise

L'ancrage.

● Propriétés

La tourmaline noire contribue à l'enracinement. Elle aide à garder les pieds sur terre, à rester bien ancré dans la réalité, et sera très utile aux personnes qui sont souvent « dans la lune » ou influençables.

C'est une pierre de protection, qui dévie les pollutions d'origine électromagnétiques (télévision, ordinateur, compteur électrique, etc.), mais aussi les énergies néfastes de personnes mal intentionnées ou négatives de l'entourage. Elle redonne de la vitalité et favorise une attitude positive et de neutralité objective.

● Utilisation

À porter en pendentif ou sous forme d'un morceau brut ou poli dans la poche. Dans la maison : disposer des pierres dans les quatre coins de la maison s'il y a une ligne électrique à haute tension à proximité. En placer également sur le compteur électrique, sur la télévision, devant l'écran de l'ordinateur et sur sa tour, près du téléphone portable. De façon générale, près de tout ce qui produit des ondes et des vibrations négatives.

● Entretien et purification

Eau distillée salée, amas de quartz, soleil, lumière lunaire.

LABRADORITE

Origine
Canada (Labrador), États-Unis, Madagascar, Mexique.

Le nom de cette pierre provient de la presqu'île canadienne du Labrador où elle fut découverte en 1770.

● Aspect et composition

Très beau jeu de couleurs à l'éclat métallique où le gris-bleu et le vert dominent avec des reflets irisés. Elle est faite d'aluminosilicate de calcium.

▲ Symbolise

La protection et la régénération.

● Propriétés

La labradorite fonctionne comme un bouclier ou une éponge qui absorbe les énergies négatives, les mauvaises intentions, les malheurs et les charges intrusives, envahissantes, d'autrui. Ainsi, elle nous aide à préserver notre énergie quand nous sommes confrontés à des personnalités quelque peu « vampirisantes » et épuisantes.
C'est une pierre de protection, très utile à toutes les personnes qui travaillent dans les métiers de soins ou de conseils (professions médicales, avocats, assistantes sociales), car elle leur évite d'absorber les problèmes des autres. Elle soulage et aide à récupérer des grandes fatigues physiques et intellectuelles, car sa puissance régénératrice est grande.

● Utilisation

Pour se protéger des « envahisseurs » et énergies toxiques : à porter sur soi, en collier, pendentif, bracelet, ou en pierre roulée dans la poche, dans son sac.
Dans la maison : l'installer dans la pièce à vivre ou ce qui est pour vous la pièce principale.
Pour les professions médicales : à placer dans la pièce des consultations ou sur soi.

● Entretien et purification

Il faut la nettoyer régulièrement car elle absorbe fortement les énergies négatives. Eau distillée salée, beaucoup de soleil, amas de quartz.

AMBRE

Origine

Pologne, République dominicaine, Italie, Roumanie.

De vastes réserves d'ambre reposent sur certains fonds marins de la Baltique. Cet ambre est transporté sur le rivage et dans les eaux basses des pays riverains lors des grandes tempêtes, puis est arraché au sable par la houle. Sa formation date de 30 à 50 millions d'années.

● Aspect et composition

L'ambre est une résine de pin (*Pinus succinifera*) opaque ou transparente qui s'est solidifiée et fossilisée. Cette résine se présente le plus souvent sous forme de morceaux ou de gouttes. Sa couleur varie du jaune miel au brun doré ou au jaune-vert. Elle peut parfois présenter des inclusions d'insectes ou de débris de plantes.

▲ Symbolise

L'invincibilité. Le savant grec Thalès, fasciné par cette résine, l'appela « l'or du Nord ». Les Vikings se disaient invincibles grâce à elle, et les gladiateurs romains en portaient pour ne pas être tués dans l'arène. On considérait aussi l'ambre comme un puissant aphrodisiaque.

● Propriétés

Doté d'un effet antistress pendant les périodes d'angoisse, l'ambre apporte courage et sérénité. Il protégerait les voies respiratoires, calmerait les crises d'asthme et les douleurs dentaires, les allergies et l'eczéma. Il apaise les douleurs articulaires d'origine rhumatismale ou inflammatoire. Il s'avère très utile en cas d'irritations dermiques ou de rougeurs, en particulier chez les jeunes enfants.

● Utilisation

Lors de périodes de crises ou de stress : à porter en contact avec la peau, en pendentif, en bracelet ou en collier, en bague.
Pour soulager les douleurs associées aux poussées dentaires du jeune enfant : en collier.

● Entretien et purification

Essuyage doux à la peau chamoisée, soleil.

AZURITE MALACHITE

Origine

États-Unis (Arizona), Maroc, Chili, Australie, Namibie, Russie (Oural), France (Rhône).

Son nom, dérivé du mot persan *lazhuward*, « bleu », vient de sa belle couleur bleue, et « malachite » vient de sa dureté médiocre (du grec *malachos* « mou ») ou de sa couleur verte rappelant les feuilles de la mauve (du grec *malachè*).

Aspect et composition

Combinaison rarissime de deux pierres : l'azurite et la malachite.
De couleur outremer ou bleu foncé pour la première, et verte, vert clair, vert émeraude, vert empire pour la seconde.
La composition de ces deux pierres est le carbonate de cuivre.

Symbolise

L'équilibre, la protection.

Propriétés

Les qualités de l'azurite associées à celles de la malachite en font une pierre puissante et énergisante. L'azurite développe l'intuition et favorise les états méditatifs. Elle éloigne l'inquiétude et les blocages, et favorise un retour à l'équilibre, en donnant plus de légèreté aux émotions. Elle ouvre l'esprit à de nouvelles perspectives.

La malachite, quant à elle, est une pierre de protection et de transformation. Elle nous apprend à développer notre sens des responsabilités. Elle aurait un effet purifiant et apporterait harmonie et équilibre dans notre vie.
Ce serait également un puissant anti-inflammatoire.

Utilisation

À porter en collier, pendentif, bracelet, ou sous forme de pierre roulée polie dans la poche ; ou pierre brute à installer dans la pièce à vivre de la maison.

Entretien et purification

Eau distillée très peu de temps, pas de sel, amas de quartz, peu de soleil.

RHODONITE

Origine
Afrique du Sud, Australie, Canada (Vancouver), États-Unis, Inde, Madagascar, Mexique, Russie (Oural).

Son nom vient de sa couleur. Du grec *rhodon*, « rose ».

● Aspect et composition
Vieux rose, avec inclusions noires, rouge-brun. Opaque, transparente. Cristaux prismatiques et tabulaires. C'est un métasilicate de manganèse.

▲ Symbolise
L'équilibre émotionnel et physique, le réconfort. Dans l'Antiquité on l'offrait en cadeau pour exprimer son amitié.

● Propriétés
La rhodonite a quasiment les mêmes effets que la rhodocrosite (voir page 61), mais sera moins puissante.
Elle restaure l'équilibre des personnes aux états émotionnels fluctuants, est efficace contre l'inquiétude, la confusion mentale. Elle apaise et élimine les blessures émotionnelles et affectives du passé. Elle agit contre le stress et dénoue les blocages, ainsi l'énergie s'en trouve-t-elle fluidifiée.
Les symptômes physiques comme les tremblements ou les gestes désordonnés dans certaines maladies neurologiques s'atténueraient grâce à elle. La personne n'en guérira pas, mais pourrait grâce à elle se sentir plus stable.

● Utilisation
À porter en collier, pendentif, ou bracelet pour les maladies neurodégénératives ; ou à placer sur le cœur pour les blessures émotionnelles et affectives.

● Entretien et purification
Eau distillée, pas de sel, amas de quartz, soleil.

AGATE BLANCHE

Origine
Inde, Brésil.

Le nom « agate » a pour origine une rivière au sud-est de la Sicile, l'Achates, aujourd'hui appelée Dirillo, d'où cette pierre fut probablement extraite dès l'Antiquité.

• Aspect et composition

Blanche, mais l'agate peut être de couleurs variées, rubanées, rayées, zonées. Rhomboédrique, agrégat microcristallin, sous forme de nodules ou en géodes. C'est un dioxyde de silicium.

▲ Symbolise

La douceur, le calme, la sécurité.

• Propriétés

C'est une pierre d'une grande douceur. Elle libère des appréhensions et des paniques dans les moments de tensions, car elle restaure la stabilité émotionnelle. Elle rassure et amplifie les sensations positives. C'est une excellente pierre pour les bébés et les enfants à qui elle apporte un sentiment de sécurité, de confiance et de repos. Elle les calmera grâce à l'énergie de tendresse maternelle qu'elle propage.

• Utilisation

Dans le berceau, le lit du bébé ou du jeune enfant (en évitant qu'il puisse l'attraper) ; la maman pourra préalablement la porter pour l'imprégner de son amour et de sa tendresse.
Pour un adulte, un adolescent, et un enfant de plus de 3 ans : à porter en collier, pendentif ou bracelet, ou sous forme de pierre polie roulée dans la poche, ou la disposer dans la chambre sur la table de nuit.

• Entretien et purification

Eau distillée, pas de sel, amas de quartz, soleil.

AMAZONITE

Origine
Brésil, Inde, Madagascar, Russie, États-Unis, Afrique.

Son nom est emprunté à l'Amazonie, immense territoire traversé par l'un des plus grands fleuves du monde et recouvert d'une forêt tropicale foisonnante et précieuse.

● Aspect et composition
Bleu-vert, opaque à translucide, avec des veines. C'est le cuivre qui lui donne sa couleur verte. Elle est constituée d'aluminosilicate de potassium.

▲ Symbolise
L'épanouissement.

● Propriétés
L'amazonite apporte bonheur et tendresse. C'est une pierre d'harmonie. Elle équilibre les énergies féminines et masculines en nous. Elle lutte contre nos craintes, apaise nos peurs et dissipe les énergies négatives qui nous entourent.
Elle a une action filtrante et protège de la pollution électromagnétique provoquée par les ondes des téléphones portables, ordinateurs et autres nouveaux outils technologiques.
Elle apporte la sérénité et la tendresse dans notre vie et permet une meilleure communication affective en favorisant l'expression authentique et spontanée de l'amour et des sentiments.
Sa composition contribuerait à l'assimilation du calcium et réduirait les problèmes liés à sa carence, tels que l'ostéoporose ou les caries dentaires.

● Utilisation
Pour une meilleure communication affective : à porter en collier, en pendentif, ou sous la forme d'une pierre roulée polie, près du cœur.
Contre la pollution électromagnétique : à placer sur la tour de l'ordinateur ou près du téléphone portable.
Pour prévenir les carences en calcium : à porter sur soi en bijou ou sous forme de pierre roulée polie, en contact avec la peau.

● Entretien et purification
Eau distillée, amas de quartz, soleil ; pas de sel.

PIERRES D'ÉQUILIBRE ET D'ANCRAGE

FLUORINE (FLUORITE)

Origine
États-Unis, Chine, Pérou, Mexique, Brésil, Allemagne, Angleterre.

● Aspect et composition
De forme cubique ou octaédrique, elle est souvent fluorescente, transparente, translucide.
Sa couleur est variable, d'incolore à orange, jaune, bleu, violet ou brun. Elle est composée de fluorure de calcium.

▲ Symbolise
La réflexion, la concentration. Elle est, paraît-il, la « pierre des génies et des scientifiques ».

● Propriétés
La fluorine est une merveilleuse pierre pour ceux qui ont besoin d'être recentrés. Elle est bénéfique et vivement conseillée lors de travaux intellectuels, car elle améliore la mémoire, l'esprit d'analyse et de synthèse, mais aussi facilite l'apprentissage de nouvelles données. C'est également une pierre de discernement, d'organisation, de structuration.
Sur le plan physique, elle fortifierait le système osseux et l'émail des dents grâce à sa teneur en fluor. Efficace pour accompagner l'enfant durant sa croissance et lors de la perte des premières dents.

● Utilisation
À l'école, pour les enfants, ou au lycée, pour les adolescents : garder dans la poche une petite pierre roulée polie ou la porter en collier, pendentif, bracelet. Dans leur chambre, sur leur bureau, une pierre brute ou polie aidera à la réflexion, à la concentration et à l'assimilation des devoirs. Elle sera utile pendant la croissance.
Pour les adultes, la fluorine est recommandée, de la même manière, pour les travaux intellectuels, à la maison comme au bureau.

● Entretien et purification
Eau distillée, soleil, amas de quartz ; pas de sel.

QUARTZ FUMÉ

Origine
Monde entier.

Son nom vient de sa teinte fumée.

● Aspect et composition

Brun à noir, gris fumé, transparent, souvent avec des inclusions d'aiguilles de rutile. Il est fait de dioxyde de silicium.

▲ Symbolise

La concentration et la réalisation.

● Propriétés

C'est la pierre du changement, qui permet d'affronter les grandes périodes bouleversées de la vie. Recommandée aux personnes qui ont du mal à garder les pieds sur terre, car c'est une pierre d'enracinement, de conscience et d'équilibre. Le quartz fumé donne du courage et le sens des responsabilités, ainsi qu'une plus grande maîtrise de notre vie. Il chasse les idées noires, rend lucide et accroît la détermination. Son soutien sera grand en cas de problème d'addiction (tabac, drogue, ou autre).

● Utilisation

À porter en collier, pendentif, bracelet, en contact avec la peau, après la prise d'une décision, par exemple arrêter de fumer. Ou en pierres roulées sous l'oreiller, ou encore dans chaque main, en restant assis quelques instants.

● Entretien et purification

Eau distillée salée, beaucoup de soleil levant. Amas de quartz.

LARIMAR (PECTOLITE)

Origine
République dominicaine, Bahamas.

Récemment découvert, dans les années 1970. Son nom vient de la contraction du prénom – Larissa – de la fille d'un des découvreurs et de *mar*, « mer des Caraïbes ».

● Aspect et composition

Brut, il est plutôt gris bleuté ; c'est une fois poli que sa couleur bleu clair (couleur lagon) resplendit. Il est composé de sodium et de calcium, avec des traces de cuivre qui lui donnent sa couleur bleue.

▲ Symbolise

La douceur et l'harmonie. La découverte de ce gisement aurait été prédite par un médium américain, Edgar Cayce (1877-1945). Celui-ci annonçait la découverte d'une pierre bleue comme l'eau des Caraïbes qui serait indispensable aux besoins énergétiques de l'homme au moment où on la trouverait.

● Propriétés

C'est une pierre rare qui rayonne d'amour et de paix ; sa vibration est énergisante et harmonisante. Elle facilite la communication profonde et permet d'être à l'écoute de nos intuitions, de nos besoins.
Elle met en valeur et intensifie la sensibilité féminine. Elle permet d'avoir une attitude positive au quotidien. Elle facilite les états méditatifs, rééquilibre, calme, apaise les blessures sentimentales.

● Utilisation

À porter en pendentif, bague, bracelet, pour ramener douceur et harmonie dans notre vie après des périodes de crise.
Le massage des pieds avec une petite pierre roulée et polie sera bénéfique pour activer les points énergétiques défaillants.

● Entretien et purification

Eau distillée non salée, soleil, levant de préférence.

AGATE

Origine
Monde entier, Brésil, Uruguay, États-Unis, Inde, Afrique.

Jusqu'au début du XIXe siècle, les plus importants gisements – aujourd'hui épuisés – se trouvaient en Allemagne. Actuellement, les gisements les plus productifs se trouvent au sud du Brésil et au nord de l'Uruguay.
Son nom lui fut donné par Théophraste, lorsque celui-ci l'identifia en Sicile, près de la rivière l'Achates.

● Aspect et composition
De couleurs variées, rubanées, rayées. Gris, blanc laiteux, brun orangé, beige, jaune, rose, rouge.
Il faut parfois se méfier des agates trop « éclatantes » qui sont souvent artificiellement colorées (vert, bleu, rouge...).Translucide, opaque, l'agate est une calcédoine. On la trouve sous forme de nodules ou de géodes. Rhomboédrique. C'est un dioxyde de silicium.

▲ Symbolise
L'ancrage, l'équilibre, la concentration.

● Propriétés
L'agate représente la vie matérielle dans son aspect positif. Elle a le pouvoir d'harmoniser notre espace de vie et notre environnement.
Elle apporte la stabilité, l'équilibre émotionnel, intellectuel et physique en éliminant les blocages énergétiques.
Parmi la multitude d'agates (couleurs, dessins...), il est bon de choisir celle qui s'accorde le mieux avec vos besoins ou votre personnalité : de couleur orange ou rouge, elle favorisera l'action et l'énergie. Claire aux couleurs douces et aux lignes harmonieuses, elle aidera à trouver la paix et sera rassurante. Multicolore aux dessins fantaisistes, elle ouvrira l'esprit et stimulera le renouveau.
Verte, elle sera source d'évolution. La personne triste ou morose évitera l'agate dont « le cœur » est vide (tranche ou géode au centre creux) mais s'orientera vers une agate dont « le cœur » est clair et plein.
Dans la pièce où l'on étudie, l'agate aux lignes régulières mais de couleur activante renforce le pouvoir de concentration et aide à ne pas disperser son attention.

● Utilisation
À porter en collier, pendentif, bracelet, bague ou sous forme de pierre polie roulée dans la poche.
Dans la maison, disposez une agate sous forme de géode ou en tranche.

● Entretien et purification
Eau distillée salée, amas de quartz, soleil.

AVENTURINE

Origine

Inde, Brésil, Russie.

Son nom vient de l'italien *per aventura* qui signifie « par hasard ». C'est une allusion à un verrier italien qui vers 1700 aurait accidentellement fait tomber de la limaille de cuivre dans du verre en fusion et créé ainsi, par hasard, un nouveau cristal ressemblant à la pierre.

● Aspect et composition

De couleur verte, mais aussi bleue, rouge ou brune, avec des inclusions scintillantes de paillettes de fuchsite mica. Sous forme de bloc massif. C'est un dioxyde de silicium.

▲ Symbolise

L'équilibre, le self-control.

L'aventurine était très appréciée dans la Chine ancienne où elle était désignée comme pierre impériale *yù* et utilisée comme talisman censé transmettre le bonheur, la béatitude et la vitalité.

● Propriétés

C'est la pierre du réconfort et du self-control.

Elle constitue un équilibrant général, favoriserait la régénération du cœur. Associée à un quartz rose, elle aura des effets apaisants et conviendra aux enfants trop excités ou aux personnes cédant vite à la colère.

Elle est conseillée en période de croissance, qu'elle régularise.

Elle serait utile pour les affections cutanées des adolescents, mais aussi pour l'eczéma et les allergies.

● Utilisation

À porter en collier, pendentif, bracelet, ou sous forme de pierre roulée polie dans la poche. Pour les problèmes de peau, mettre en contact, ou bien prendre en élixir (voir page 165), ou encore mettre l'aventurine dans l'eau avec laquelle on va laver la zone de peau concernée (chakra du cœur).

● Entretien et purification

Eau distillée salée, amas de quartz, soleil.

PREHNITE

Origine

Ses principaux gisements se trouvent en Afrique du Sud, Australie (Nouvelle-Galles du Sud), Chine, Inde, Écosse et aux États-Unis (New Jersey). Son nom vient d'un hommage au célèbre collectionneur hollandais Hendrik Von Prehn qui fut le premier à l'introduire en Europe.

● Aspect et composition

De couleur verte, blanche, vert-jaune. Son éclat est vitreux, se présente en touffes, les extrémités s'interpénètrent. C'est un silicate de calcium et d'aluminium. Elle est sensible à la chaleur.

▲ Symbolise

L'ordre, la guérison.

● Propriétés

Pierre très utile aux personnes négligentes, qui manquent de courage et de persévérance. Elle les aidera à clarifier leurs idées de façon méthodique. Elle est structurante et par conséquent d'une grande aide pour atteindre un but. Elle intensifie la visualisation et favorise la méditation profonde.

La prehnite aide également à l'élimination du « fouillis » matériel, à se débarrasser des choses inutiles, ce qui en fait une bonne pierre Feng Shui car elle contribue au rangement, apporte paix, protection, et permet de faire de la maison un sanctuaire de guérison pour soi-même.

Elle apaise les cauchemars et les peurs profondes.

Elle sera également utile pour redonner de l'énergie aux reins.

● Utilisation

À porter en collier, pendentif, bracelet, bague, ou dans la maison, le jardin, sous forme de pierre brute ou polie roulée.

● Entretien et purification

Eau distillée, amas de quartz.

AGATE DE FEU

Origine

États-Unis, Mexique, Inde.

Son nom vient de « Achates » une rivière sicilienne aujourd'hui appelée Dirillo, près de laquelle les premières agates furent découvertes dans l'Antiquité. « Feu » a été ajouté pour sa couleur flamboyante.

● Aspect et composition

Rouge-brun, orange, bleu, vert.

Composée surtout de calcédoine, elle contient des inclusions de particules ou de poudre d'hématite rouge qui lui donnent sa teinte. Son aspect irisé vient des interférences lumineuses qui se produisent sur la couche d'hématite. C'est un dioxyde de silicium.

▲ Symbolise

L'ancrage, la protection, l'introspection, la vitalité.

● Propriétés

L'agate de feu a un fort pouvoir d'ancrage, car elle permet de ne pas se laisser envahir par ses émotions. C'est une pierre d'action et de volonté qui favorise les prises de décisions et donne la force de les mener à bien.

Elle est utile pour lutter contre la timidité et le manque de confiance en ses désirs. Elle développe la créativité, apporte de la vitalité au corps et harmoniserait l'énergie sexuelle.

Elle est l'accompagnatrice idéale lors d'un travail d'introspection car elle aide à faire sortir le meilleur de soi-même. Elle dissipe la peur et procure un profond sentiment de sécurité.

● Utilisation

À porter en collier, pendentif, bracelet, bague ou sous forme de pierre polie roulée dans la poche.

Posée dans la maison, elle posséderait une grande force protectrice et procure un sentiment de sécurité.

● Entretien et purification

Eau distillée salée, amas de quartz, soleil.

PIERRES DE PROSPÉRITÉ

JADE (NÉPHRITE)

Origine
Chine, Birmanie, États-Unis.

Néphrite vient du grec *nephros*, « rein ». Cette pierre est connue depuis 7 000 ans.

● Aspect et composition

Vert, parfois blanc, gris, jaunâtre, brun rougeâtre, souvent tacheté.
C'est un silicate basique de magnésium et calcium avec fer ferrique.

▲ Symbolise

La sagesse. Dans la tradition chinoise, le jade est considéré comme possédant toutes les vertus et la puissance. Il favorise l'harmonie et assure la protection en servant de pont entre le monde physique et le monde spirituel. On prétend que les Chinois portent toujours du jade sur eux quand ils négocient.

● Propriétés

C'est une pierre qui apporte la joie, l'harmonie et la paix, car elle nous aide à renouveler nos pensées. Elle permet de juger calmement les situations, de les observer sans passion. Le jade favorise la méditation et équilibre ainsi la personnalité, en renforçant le courage. Il encourage l'honnêteté et la justice. Il aide à la purification, à la filtration, et à l'élimination des déchets dans le corps.
C'est donc la pierre des reins, comme l'étymologie de son nom l'indique, car elle contribue à l'équilibre et à la santé de ces organes. Elle est d'ailleurs censée en soulager efficacement les douleurs.

● Utilisation

Le jade est indiqué pour les femmes enceintes dont il facilite l'accouchement. On le recommande pour les enfants en bas âge et les personnes âgées, surtout la nuit, pour réguler les problèmes rénaux.

● Entretien et purification

Le mettre dans de l'eau purifiée et le recharger sur un amas de quartz.

CITRINE

Origine
Brésil, États-Unis, Madagascar, Inde.

Elle doit son nom au citron (en latin *citrus*) dont elle a souvent la couleur.

● Aspect et composition
Jaune clair à brun doré, transparente. Elle est faite de dioxyde de silicium.

▲ Symbolise
La bonne humeur, l'abondance.

● Propriétés
La citrine est bénéfique, généreuse ; elle encourage à développer une attitude positive dans tous les domaines de l'existence, à voir l'avenir avec optimisme. C'est une pierre qui rassure, détend et rend joyeux. Elle donne de la vitalité, de l'énergie et dissipe l'inquiétude. C'est un puissant régénérateur qui éloigne la fatigue et la dépression.
Souvent associée à l'abondance, à la richesse, elle attire la prospérité et la réussite. C'est une pierre solaire, qui réchauffe le cœur et tonifie. Associée à une fluorine, elle est excellente pour la concentration, la révision d'examens, les travaux intellectuels intenses.

● Utilisation
Recommandée dans une chambre de malade ou de convalescent, car elle éloigne la fatigue et redonne de l'énergie : à placer sur la table de nuit ou sous l'oreiller sous forme de petites pierres roulées polies.
En période d'examens, elle facilitera la concentration et la réussite : à porter sur soi, en collier, pendentif, bracelet, bague ou pierre roulée dans la poche.
Pour attirer la prospérité : placer un morceau de citrine brut ou poli dans votre bureau, tirelire, coffre, à la maison, ou dans votre porte-monnaie, ou encore dans la caisse de votre commerce.

● Entretien et purification
Eau distillée salée, beaucoup de soleil, amas de quartz.

RUBIS

Origine
Birmanie, Thaïlande, Sri Lanka, Tanzanie, Afghanistan.

Son nom vient de sa couleur rouge (en latin *rubeus*). Elle appartient au groupe du corindon.

● Aspect et composition

Rouge. La substance qui lui donne sa couleur est le chrome. Prismes ou cristaux tabulaires hexagonaux, rhomboèdres. Opaque à l'état brut, translucide, transparent après polissage. C'est un oxyde d'aluminium.

▲ Symbolise

La vie, la force. De tout temps, le rubis fut considéré comme pierre de vie, il était censé conférer des forces nouvelles. C'est une pierre mythique et dotée de pouvoirs magiques.

● Propriétés

Roi des pierres précieuses, le rubis est une pierre de pouvoir, qui donne du courage et de la force, mais accentue aussi l'instinct matérialiste. Le rubis sera très utile aux personnes rêveuses, réservées car il les aidera dans l'organisation et la gestion de leur quotidien en leur apportant de la volonté, de la persévérance et du réalisme.

Il est déconseillé aux personnes qui sont par nature autoritaires et colériques, car il risque d'accentuer ce trait excessif de leur caractère.

Il éloigne la fatigue et rend résistant, c'est un régulateur du système sanguin, et il renforce le cœur.

Pour traverser une période difficile, il sera un précieux allié.

● Utilisation

À porter en collier, pendentif, bracelet, bague.

● Entretien et purification

Eau distillée salée, amas de quartz, beaucoup de soleil.

PIERRES DE CRÉATIVITÉ

CHRYSOPRASE

Origine
Pologne, Australie, Afrique du Sud, États-Unis, Inde, Madagascar. La mine de Frankenstein, en Pologne, est son lieu d'origine – elle est aujourd'hui épuisée. Depuis 1960, les meilleures pierres viennent du Queensland, en Australie. Son nom signifie « poireau d'or » en grec.

● Aspect et composition

Vert clair, vert pomme, vert vif. Assez rare, la chrysoprase se trouve en blocs, parfois fissurés, transparents ou opaques.

C'est une pierre qui peut pâlir à la lumière et sous l'effet de la chaleur, mais qui, étonnamment, peut être ravivée par une immersion prolongée dans l'eau. Elle est constituée de dioxyde de silicium.

▲ Symbolise

Le renouveau, la renaissance. Autrefois, la chrysoprase avait la réputation d'inciter à la vérité, à l'authenticité et à l'expression de l'amour.

● Propriétés

C'est une excellente pierre pour la relaxation. Elle adoucit les humeurs bouillantes ou trop emportées, comme la colère, et apporte son aide dans les passions de l'âme (jalousie, situations incontrôlées). Elle évoque le printemps, l'espoir, le renouveau, et occasionne de ce fait des changements de mentalités ou de comportements. Elle n'encourage pas à la nostalgie, mais incite à accueillir les situations nouvelles avec enthousiasme et sérénité, dirigeant notre attention vers le côté positif des choses. Elle met en évidence nos talents et stimule notre créativité. La chrysoprase apporte un sentiment de bien-être, de sécurité, et de confiance. C'est une pierre de compréhension et de compassion qui stimule l'acceptation de soi et des autres.

● Utilisation

Favorise un sommeil paisible et, chez les enfants, prévient les cauchemars en leur apportant un sentiment de sécurité et de confiance. À placer sur la table de nuit ou sous l'oreiller, sous forme de petites pierres roulées polies.

Idéale pour la femme enceinte, elle facilite un accouchement en douceur.

À porter en collier, pendentif, bracelet..., en contact avec la peau.

● Entretien et purification

Eau distillée salée, soleil, amas de quartz.

ÉMERAUDE

Origine

Colombie, Brésil, Russie, Afrique du Sud, Égypte, Zimbabwe, Inde.
Doit son nom au grec *smaragdos* (« pierre verte »), mais il est probable que l'étymologie du nom remonte au persan ou à l'hindou ancien. Dans les temps reculés, énormément de pierres vertes furent appelées « émeraudes ».

● Aspect et composition

C'est la gemme la plus prestigieuse du groupe des béryls. Sa couleur est incomparable, d'un vert éclatant. Elle est souvent habitée par des inclusions qui ne sont plus considérées comme des défauts si elles ne sont pas trop nombreuses, mais au contraire comme un brevet d'authenticité. On les appelle des « givres ». Les prismes sont hexagonaux et allongés. C'est un silicate d'aluminium et de béryllium.

▲ Symbolise

L'espoir, le renouveau, la régénération.

● Propriétés

L'émeraude est une pierre de régénération, elle propage de l'énergie lumineuse et guérit les peines de cœur, encourageant à aller de l'avant. Elle apporte de l'espoir et la force de surmonter les moments douloureux avec optimisme et vitalité.
Elle apporte la félicité, la paix intérieure, et assure l'équilibre émotionnel et physique.
Elle serait particulièrement bénéfique pour les yeux. Les Anciens Égyptiens l'utilisaient déjà pour traiter les problèmes oculaires.

● Utilisation

L'émeraude est difficile à associer à une autre pierre car celle-ci sera rapidement évincée. Il faudra donc de préférence la porter seule, en collier, pendentif, bracelet, bague ou, pour relaxer les yeux, apposer un petit coussin rempli de petites pierres roulées et polies.

● Entretien et purification

Eau distillée, pas de sel, amas de quartz.

PYRITE DE FER

Origine

Monde entier mais surtout : île d'Elbe (Italie), Pérou, Espagne, États-Unis, Mexique.

Son nom vient du grec *pyros*, « feu », et rappelle les étincelles que cette pierre projette lorsqu'on la casse.
Les Incas l'utilisaient comme miroir.

● Aspect et composition

De couleur cuivre, jaune-gris, éclat métallique, doré. Sa ressemblance avec l'or lui a valu d'être appelée « l'or des fous », car certains orpailleurs pensaient trouver une pépite… avant d'être déçus !
Cubique, dodécaèdres pentagonaux, octaèdres. Fait penser à une sculpture moderne, à un « artefact », tellement le cube de pyrite peut sembler trop beau, trop parfait. La nature l'a pourtant faite ainsi. C'est un bisulfure de fer.

▲ Symbolise

La vitalité, l'énergie, la concrétisation.

● Propriétés

C'est une pierre qui recharge en énergie, et accroît le sens de l'organisation. Elle procure créativité, inspiration, et sera particulièrement utile aux personnes qui travaillent dans l'architecture, des métiers nécessitant de la technique, ou dans lesquels le feu a une importance.
Elle donne de la vitalité, du tonus en période de fatigue ou d'épuisement, en stimulant les facultés intellectuelles, et en améliorant la mémoire.
Elle serait bénéfique pour la santé des voies respiratoires et fortifierait le système circulatoire.

● Utilisation

À porter en collier, pendentif, bracelet, ou sous forme de pierres roulées polies dans la poche ; ou à disposer sur un bureau.

● Entretien et purification

Eau distillée, amas de quartz, soleil.

TANZANITE (ZOÏSITE BLEUE)

Origine

Tanzanie.
Son nom vient de son pays d'origine. Manuel De Souza, artisan de la ville d'Arusha, collectionnait des minéraux et en particulier une gemme bleue que les Massaïs appelaient « ciel bleu » (traduction du swahili).
Découverte vers 1967 et nommée par Henry Platt, joaillier de New York (Tiffany).

● Aspect et composition

Du bleu outremer au bleu saphir, au violet bleuté. Transparente, orthorhombique, prismes comportant beaucoup de faces souvent striées. C'est un silicate de calcium et d'aluminium.

▲ Symbolise

L'évolution spirituelle, l'imagination et la créativité.
Les Massaïs offrent une tanzanite à leurs nouveau-nés pour leur apporter la chance et la fortune.
On raconte qu'il y a fort longtemps , au pied de la plus haute montagne d'Afrique, le Kilimandjaro, un gigantesque feu de brousse aux causes indéterminées ravagea d'immenses territoires peuplés de grands félins. L'incendie éteint, les habitants venus constater les dégâts, remarquèrent que le sol de la région de Mererani, recouvert de cendre, était constellé de pierres d'un bleu fascinant à nuances mauves. C'étaient des zoïsites, qui seront appelées par la suite « tanzanites » en référence à leur pays d'origine. Les Massaïs affirment que le sol en produira tant que « de grands animaux arpenteront la Terre ».

● Propriétés

La tanzanite élève la conscience, favorise l'évolution spirituelle, et les prises de décisions.
Elle aide à résoudre les problèmes en toute quiétude, donc à relativiser. C'est la pierre de l'esprit, de la communication, et de la créativité artistique et littéraire. Elle est d'une grande douceur, et donne ce petit supplément à l'âme, lui apportant de la subtilité, de l'élégance, du charisme, de la singularité. Elle n'engage pas à se conformer à la norme et à se laisser influencer. Elle permet au contraire de suivre ses propres idées, de les exprimer et de les concrétiser. Elle affine l'intuition et favorise l'accomplissement de soi. Elle attise la curiosité et l'envie de se cultiver. Elle sera aussi très utile lors d'états méditatifs.
Elle serait très bénéfique pour la vue.

● Utilisation

À porter en pendentif, en bague, ou disposer une pierre brute ou une pierre roulée polie sur le bureau, ou dans le lieu de méditation.

● Entretien et purification

Eau distillée, sel, amas de quartz, peu de soleil, lumière lunaire.

PIERRES DE COMMUNICATION

CALCÉDOINE (AGATE BLUE LACE)

Origine

Brésil, Inde, Madagascar, Namibie, Uruguay, États-Unis.

Son nom vient du nom d'une ville de l'Antiquité, située sur le Bosphore.

● Aspect et composition

Bleutée ou gris laiteux. Elle est composée de dioxyde de silicium.

▲ Symbolise

L'art de la parole. Dans l'Antiquité, elle était utilisée contre l'imbécillité et favorisait notamment l'expression verbale.

● Propriétés

La calcédoine est une pierre d'une grande douceur. Elle aide à faire face aux difficultés, calme dans les situations d'énervement, de colère. Elle permet de s'exprimer de façon plus tranquille et réfléchie, favorise la libre expression des idées, des pensées et des sentiments.

C'est la pierre des beaux parleurs et des chanteurs ; elle donne une voix agréable, dissout les inhibitions verbales lors de discussions animées. Elle atténue l'enrouement et est donc indiquée en cas de problèmes de gorge. Elle apaise les inflammations et les infections des voies respiratoires.

Elle stimule la circulation et l'activité des liquides corporels.

On la recommande au moment de la ménopause, car elle supprimerait efficacement les bouffées de chaleur, l'inquiétude, l'hypersensibilité et tous les troubles ressentis à cette période.

● Utilisation

À porter en collier, pendentif, en contact avec la peau. Ou à tenir dans la main lors d'une importante prise de parole en public, pendant une conférence, un entretien, une discussion, un cours de chant... Et en cas de bégaiement ou d'extinction de voix.

● Entretien et purification

Eau distillée non salée, soleil, amas de quartz.

LAPIS-LAZULI

Origine
Afghanistan, Chili, Russie, Égypte.

Son nom, dérivé de l'arabe et du latin, signifie « pierre bleue ».

● Aspect et composition

Opaque, bleu indigo, bleu profond uniforme ou bleu tacheté, le lapis-lazuli est un agrégat de plusieurs pierres comme la lazurite, la sodalite, la calcite, la pyrite et bien d'autres, parfois en quantité infime. Si la calcite blanche domine dans sa composition, elle en diminue la valeur. On préférera la couleur bleu profond avec quelques taches de pyrite de fer. Le lapis-lazuli est un silicate soufré d'aluminium et de sodium. C'est une pierre sensible aux chocs et aux températures élevées.

▲ Symbolise

L'amitié, les relations. Vénéré par toutes les civilisations anciennes comme le « messager des dieux », il était considéré comme une clé permettant l'accès aux connaissances du royaume céleste.

● Propriétés

C'est la pierre universelle de l'amour et de l'amitié, qui nous pousse à aller de l'avant et nous rapproche des autres. Elle accroît l'honnêteté et la franchise. Le lapis-lazuli est aussi la pierre de la vision intérieure, de l'inspiration artistique, de la finesse d'esprit. Il stimule l'intelligence. Il est souvent appelé « pierre de vérité », car il fait remonter à la surface ce qui a été oublié ou ce que nous refusons d'accepter, ce qui nous reste « en travers de la gorge ».
Sur le plan physique, le lapis agirait sur les cheveux et les ongles dont il accélérerait la repousse. Il est utilisé pour combattre les allergies, soulager les migraines, calmer les maux de gorge. Recommandé aux personnes nerveuses pour son action calmante.

● Utilisation

À porter en collier pour calmer les maux de gorge ou sous forme de pierres roulées polies posées sur le front, les tempes, pour soulager les maux de tête.
Pour les autres besoins, on le portera en collier, bracelet, pendentif, bague.

● Entretien et purification

Eau distillée, soleil, amas de quartz ; pas de sel.

AIGUE-MARINE

Origine
Brésil, Madagascar.

Son nom vient du latin *aqua marina*, qui signifie « eau de mer ».

● Aspect et composition

Bleu-vert, bleu pâle à bleu soutenu. Transparente, translucide et opaque avec des prismes hexagonaux allongés. Elle est constituée de silicate d'aluminium et de béryllium. C'est une pierre fragile et sensible aux chocs.

▲ Symbolise

La clarté, la persévérance. Elle passe pour être la pierre porte-bonheur des gens de la mer. Autrefois, les marins la portaient pour se préserver de la noyade. Ce fut aussi la pierre des prophètes.

● Propriétés

L'aigue-marine est une pierre douce et reposante. Elle facilite la communication et permet de développer un discours clair, une grande capacité d'écoute et d'expression de la vérité. C'est une pierre de méditation qui favorise la créativité personnelle et clarifie la perception. Elle aide à mieux se comprendre soi-même, accroît la sensibilité et dissipe la confusion. Elle donne du courage et s'avère très utile en cas de stress car elle possède des vertus apaisantes et calmantes. Elle fluidifierait et régulerait les liquides du corps, fortifierait les organes d'élimination. Elle combat les irritations de la gorge, les allergies et les douleurs dentaires. C'est la pierre qui protège ceux qui voyagent sur l'eau. Elle est efficace aussi contre le mal des transports.

● Utilisation

Lors de déplacements, de voyages sur l'eau : à porter sur soi sous la forme d'une pierre roulée polie, dans la poche, ou en bijou. Contre le mal de gorge et les allergies : à porter en collier ou pendentif, en contact avec la peau.

● Entretien et purification

Eau distillée salée, amas de quartz, soleil.

TURQUOISE

Origine
États-Unis, Chine, Tibet, Égypte, Iran, Afghanistan.

La Turquie, autrefois pays de transit commercial de la turquoise, lui a donné son nom, mais les gisements donnant la meilleure qualité de cette pierre se trouvent au nord-est de l'Iran.

● Aspect et composition

Sa couleur varie du bleu clair au bleu-vert. Opaque, elle est souvent tachetée de veines brunes. C'est la pierre qui évoque les mers du Sud. On trouve la turquoise à l'état brut, en masses compactes et en nodules. C'est une pierre fragile, sensible à la chaleur et à la lumière, et elle peut verdir sous leur effet. Elle est constituée de phosphate basique hydraté d'aluminium et de cuivre.

▲ Symbolise

L'union du ciel et de la terre. Des gisements de turquoise étaient déjà exploités 4 000 ans av. J.-C. au Sinaï. À cette époque, on la réduisait en poudre, pour l'utiliser comme fard pour les yeux. Les Amérindiens la percevaient comme le pont entre l'esprit du ciel et l'esprit de la terre.

⬢ Propriétés

La turquoise possède la qualité de refléter notre état intérieur et d'être ainsi témoin de notre état de santé. C'est la pierre de la jeunesse et de la communication. Elle aide à l'expression et favorise l'écoute des autres, conforte l'amitié, le sentiment d'affection réciproque, et soulage en cas de chagrin. C'est la pierre des voyageurs, car on lui attribue des qualités protectrices contre les accidents et les agressions physiques.

⬢ Utilisation

Elle est conseillée comme protection dans les déplacements géographiques, quel que soit le mode de transport. Elle soulage en cas de mal de mer, de mal de l'air et de vertige.

● Entretien et purification

La laver à l'eau distillée, ne pas utiliser de sel et la recharger sur un amas de quartz ; peu de soleil.

APATITE BLEUE

Origine
Brésil, États-Unis, Inde, Madagascar, Sri Lanka, Russie, Birmanie.

● Aspect et composition
Bleue. Mais Il existe d'autres tons : incolore, rose, jaune, violet, vert, avec parfois une variété « œil-de-chat ». De forme hexagonale, éclat vitreux, éclat et luminosité dans sa variété gemme. C'est un phosphate de calcium fluoré et chloré.

▲ Symbolise
La communication.

● Propriétés
Pierre de la communication, elle atténuerait les problèmes de langage et le bégaiement, favorise l'expression personnelle, les discours en public, l'aisance et l'extraversion. Elle stimule la capacité d'écoute et absorbe la négativité envers les autres et soi-même.

Elle donne de la volonté, de la motivation, renforce la confiance en soi, apaise le mal-être émotionnel et la tension nerveuse.

● Utilisation
À porter en collier, pendentif (elle atténuerait l'enrouement, facilite le discours), bracelet, ou sous forme de pierre polie roulée dans la poche.

● Entretien et purification
Eau distillée, pas de sel, amas de quartz.

SODALITE

Origine

Brésil (Bahia), Canada (Ontario), États-Unis, Inde (Rajasthan), Namibie, Russie.

Son nom vient de l'un des éléments de sa composition (Na = sodium) et du mot grec *lithos* qui signifie « pierre » ou « roche ».

● Aspect et composition

Souvent confondue avec le lapis-lazuli. Sa couleur possède une gamme étendue de bleus clairs et foncés, sillonnés de veines calcaires blanches, cristaux isométriques en rhombododécaèdres ; c'est un silicate d'aluminium et de sodium contenant du chlore.

▲ Symbolise

Le calme, la tranquillité, la philosophie.

● Propriétés

C'est une pierre calmante, apaisante, qui sera très utile à l'hypertendu. Elle incite à regarder en profondeur, à l'introspection, et permet de mieux comprendre les situations dans lesquelles on se trouve. Elle accroît la confiance et le respect de soi. Elle permet d'accéder avec finesse à la connaissance intuitive afin de promouvoir ses idées et concepts, et elle facilite la communication en groupe. C'est la pierre des étudiants et des philosophes.
Elle serait excellente pour traiter les affections de la gorge.

● Utilisation

À porter en collier, pendentif pour les problèmes de gorge, en bracelet, sous forme de pierre roulée polie dans la poche. Disposée sur la table de nuit ou sous l'oreiller, elle procurera un sommeil paisible. À placer également à proximité des lieux de repos des animaux familiers, qui apprécieront sa présence.

● Entretien et purification

Eau distillée, pas de sel, amas de quartz, pas de soleil.

TOPAZE BLEUE

Origine

Brésil (Minas Gerais), Sri Lanka, Birmanie, Russie (Oural et Transbaïkalie), Irlande du Nord, Écosse, Madagascar, Mexique, Mongolie, États-Unis (Colorado), Nigéria, Zimbabwe.

Son nom vient d'une île de la mer Rouge, Topazios (aujourd'hui Zabargad).

● Aspect et composition

De couleur bleu clair, mais il existe d'autres tons : incolore, jaune vif, brun orangé, rose pâle à rose vif, vert pâle. Transparente, cristaux prismatiques courts, striés verticalement, ou aussi agrégats granuleux. C'est un silicate d'aluminium avec fluor.

À l'œil nu la topaze bleue est parfois confondue avec l'aigue-marine. La couleur bleue naturelle est rare. Souvent, c'est une topaze dorée qui a été chauffée.

▲ Symbolise

L'inspiration, l'expression orale et l'écoute.

D'anciennes croyances lui attribuaient des pouvoirs magiques : elle pouvait apaiser les tempêtes en mer.

Elle aurait apporté aux hommes la sagesse, la générosité, la raison.

● Propriétés

C'est une pierre de dialogue, qui facilite la communication entre les personnes, favorise l'écoute des autres et l'amitié.

La topaze bleue est relaxante, apaisante, et élimine les tensions, le doute. Elle permet aux personnes timides de s'exprimer plus facilement. Elle incite à la générosité et à l'honnêteté. Elle stimule la créativité, c'est la pierre idéale pour les artistes (chanteurs, musiciens, peintres), car elle leur procure de l'inspiration. Elle aide à mettre en lumière les richesses intérieures.

Elle serait efficace pour la voix, les inflammations de la gorge et l'enrouement.

● Utilisation

À porter en pendentif (pour l'expression orale, les problèmes de gorge), en bague, ou sous forme de pierre roulée polie dans la poche.

● Entretien et purification

Eau distillée salée, amas de quartz, soleil.

CHRYSOCOLLE

Origine
Chili, États-Unis (Arizona, Nevada), Mexique, Pérou, Zaïre, Russie (Oural).

Son nom vient du grec *chrysos*, « or », et *kolla*, « colle ». Réduite en poudre, elle servait à souder l'or.

● Aspect et composition

Vert, bleu turquoise, semi-opaque, amorphe. C'est un hydrosilicate de cuivre qui peut contenir des traces d'aluminium.

▲ Symbolise

L'amitié, la paix, l'harmonie.
Les Égyptiens connaissaient la chrysocolle sous le nom de « pierre de sagesse » et la portaient couramment lors de négociations, afin d'être posés et tranquilles, mais aussi pour protéger leur esprit.
Pendant la Renaissance, elle était utilisée comme pigment pour la peinture.

● Propriétés

C'est la pierre de l'amitié, du contact et de la compréhension. Elle favorise la spontanéité, améliore la communication et incite à la tolérance lors de discordes, inclinant au pardon.
Elle renforce le pouvoir personnel et la créativité. Elle absorbe les énergies négatives. Elle apaise les sensations de surmenage, apporte la paix et l'harmonie, détend et repose les personnes nerveuses et angoissées. Elle invite à la méditation et à la relaxation.
Elle serait efficace contre le mal de dos, les rhumatismes, l'arthrite, les crampes. Aussi pour les douleurs menstruelles et autres maux de la femme.

⬢ Utilisation

À porter en collier, pendentif, bracelet ou sous forme de pierre polie roulée dans la poche.
Posée dans la maison, elle harmonise l'atmosphère et détend les habitants.

● Entretien et purification

Eau distillée, pas de sel, amas de quartz, soleil.

PIERRES
ET SIGNES
ASTROLOGIQUES

Mon intérêt pour l'astrologie et pour les pierres depuis de nombreuses années m'a naturellement conduite à envisager un chapitre sur la correspondance entre les pierres et les signes du zodiaque. Depuis la nuit des temps, ceux-ci furent associés par les astrologues ayant étudié les effets des planètes sur la personnalité, le comportement, la santé, et la destinée d'une personne.

Dix corps célestes principaux font l'objet d'attention en astrologie : le Soleil, la Lune (considérés comme planètes et appelés luminaires), Mercure, Vénus, Mars, Jupiter, Saturne, Uranus, Neptune et Pluton.

Dans le cycle de son parcours diurne et nocturne dans le ciel de la Terre, chaque astre va traverser les douze secteurs du ciel appelés « maisons » et qui, selon l'astrologie, correspondent aux différents domaines de l'existence humaine.

Le zodiaque se répartit ensuite en signes de Feu, de Terre, d'Air et d'Eau. Il en existe trois pour chaque élément, donc douze signes : le Bélier, le Taureau, les Gémeaux, le Cancer, le Lion, la Vierge, la Balance, le Scorpion, le Sagittaire, le Capricorne, le Verseau et les Poissons.

Le présent chapitre s'intéresse surtout au signe natal, ce qui correspond à la position du Soleil au moment de votre naissance. Car la carte du ciel à cet instant précis (jour, année, lieu et heure exacte de votre naissance), appelée thème astral natal, reflète votre personnalité unique.

Cependant il faut savoir qu'un thème astral complet prend en compte de nombreux autres paramètres : ascendant, position lunaire ainsi que celle des autres planètes en signes et maisons, aspects entre planètes, configuration et forme générale du thème et planètes dominantes... C'est pour cette raison qu'il arrive parfois qu'une personne ne se reconnaisse pas dans la description de son signe zodiacal. Si c'est le cas, je vous conseille donc de vous référer à des ouvrages spécialisés pour au moins connaître votre ascendant et vos dominantes planétaires. L'idéal étant bien sûr de consulter un astrologue compétent pour obtenir l'interprétation complète de votre thème astral. Ici, nous nous intéresserons aux caractéristiques les plus évidentes de chaque signe.

Dans un premier temps, je vous conseillerai des pierres renforçant par leur symbolique et leurs propriétés le côté « positif » de votre signe du zodiaque. Ce sont les **« pierres affinitaires »**, dont les propriétés correspondent aux caractéristiques de votre signe. Concrètement cela signifie qu'il est possible d'acquérir ces pierres en les voyant comme une image astrologique de soi-même. En revanche si, chez une personne, ces tendances sont déjà exacerbées, porter ces pierres-ci risquerait d'accentuer encore plus ces tendances, jusqu'à l'exagération.

Dans un second temps, je vous proposerai donc celles qui, au contraire, pourront vous aider à gommer certains excès, et à corriger certaines de vos faiblesses et lacunes, favorisant ainsi un équilibre et une harmonie entre les différentes facettes de votre personnalité. Ce sont les **« pierres équilibrantes »**.

Il est en effet important de voir quelles caractéristiques de soi méritent d'être complétées, renforcées ou au contraire atténuées ou équilibrées.

Précisons que les pierres désignées comme **« équilibrantes »** sont destinées à modérer les tendances de chaque signe, mais seulement dans le cas où celles-ci sont réellement exagérées. Exemple : un Bélier ascendant Sagittaire sera souvent plus impulsif et fonceur qu'un Bélier ascendant Capricorne (à condition cependant que dans le thème astral de ce dernier Mars ne se trouve pas près de l'ascendant).

Cela implique que le premier (plus que le second) aura moins besoin des pierres « stimulantes » du Bélier, et plus besoin des pierres « équilibrantes » correspondant à ce signe. C'est pourquoi, rappelons-le, il est souhaitable de connaître son ascendant et si possible son thème astral complet, en particulier ses dominantes pour dresser un portrait zodiacal complet.

En parallèle, il est bon de tenir compte aussi de la phase existentielle que la personne concernée traverse, sans oublier son âge (voir « Choisir une pierre selon la circonstance », page 141).

Avertissement : les mots-clés, les « **atouts** » et les « **lacunes** » cités ci-après pour chaque signe, sont des tendances générales qui, pour chaque personne, se manifestent de façon nuancée.

♈ BÉLIER

Planète gouvernante

Mars, symbolise l'action, la lutte, l'élan, la pulsion, le désir, ainsi que le courage, la combativité et la conquête.

Couleur

Rouge.

Parties symboliques du corps

Tête, cerveau, mâchoire supérieure.

Élément

Feu.

Profil type

Le Bélier recherche le succès, veut être le premier. Il est courageux, franc, généreux, enthousiaste et aborde les problèmes de front en trouvant des solutions originales. Il sait ce qu'il veut, n'aime pas ce qui est flou. Il a beaucoup d'énergie et possède une grande capacité de travail. Lorsqu'il aime, il est très chaleureux. Mais il manque de persévérance et veut tout obtenir dans l'instant. Il fonce en prenant des risques et réfléchit souvent après-coup. Il peut abandonner un projet à mi-chemin, car il est trop impatient, et peut se montrer égoïste et colérique. Il se comporte parfois de manière dominatrice et est convaincu d'avoir raison. Il a tendance à la jalousie, et est volontiers critique.

Mots-clés

• *Ses atouts*

Jeunesse éternelle, élan, action, départ, entreprise, conscience, éveil, énergie, combativité, générosité, ardeur, audace, assurance, courage, détermination, franchise, spontanéité, enthousiasme, ambition, expression libre, indépendance, initiative, goût du risque.

• Ses lacunes
Impulsivité, impatience, autorité, précipitation, coup de tête, égoïsme, irritabilité, indiscipline, colère, emballement, imprudence, jalousie.

Les pierres du Bélier
• Affinitaires
– **Le rubis** : il incarne la force, la volonté et le courage de ce signe. (Attention à ne pas en porter trop en cas d'autoritarisme forcené !)

– **La cornaline** : elle stimule le goût de vivre, l'esprit d'entreprise, donne du courage et de l'énergie.

– **Le grenat** : il donne de la volonté, de la vigueur et favorise la fougue physique.

– **L'opale de feu** : elle procure vitalité, énergie et renforce le pouvoir personnel.

– **L'œil-de-tigre** : il donne de l'énergie, du dynamisme et une grande indépendance d'esprit.

• Équilibrantes
– **La howlite** : elle incite à la tempérance et à la patience. Elle permet d'éliminer les colères soudaines.

– **Le quartz rose** : il favorise la douceur et la sensibilité.

– **L'améthyste** : elle apporte la sagesse, l'équilibre, incite à la tempérance et agit contre le stress.

– **La calcédoine** : elle calme dans les situations d'énervement et de colère. Elle permet de s'exprimer plus calmement.

TAUREAU

Planète gouvernante

Vénus, symbolise l'harmonie, l'amour, la beauté, l'art, la séduction, la sensualité et les plaisirs.

Couleur

Vert.

Parties symboliques du corps

Cou, gorge, mâchoire inférieure, larynx, langue, bouche, amygdales, vertèbres cervicales, voix.

Élément

Terre.

Profil type

La détermination, la ténacité, la patience et le besoin de sécurité sont les traits principaux de la personnalité du Taureau. Il réfléchit soigneusement et trouve toujours des solutions « pratiques », mettant tout en place pour faire aboutir ses projets quels que soient les obstacles sur son chemin. Il aime le confort, les bonnes choses, les bons repas, la bonne compagnie, cherche le plaisir et savoure pleinement sa sensualité. Il est créatif et il possède souvent une habileté artistique.
Mais il a des opinions très arrêtées et est souvent incapable d'apprécier des points de vue différents. Il peut se montrer rancunier, jaloux et possessif avec les gens et les biens. Il a du mal à lâcher prise et laisse peu de place à la spontanéité.

Mots-clés

• *Ses atouts*

Acquisition, ténacité, endurance, stabilité, réalisme, confort, gestion, matière, fertilité, esprit pratique, sécurité, détermination, patience, gourmandise, plaisir charnel, sensualité, jouissance, fidélité, passion de l'avoir.

• *Ses lacunes*

Entêtement, avidité, lenteur, possessivité, jalousie, rancune, matérialisme.

Les pierres du Taureau

• *Affinitaires*

– **Le quartz rose** : c'est la pierre de l'amour et de la créativité.

– **Le saphir** : il favorise l'expression des émotions, l'honnêteté et la fidélité.

– **La tourmaline noire** : elle contribue à l'enracinement, aide à garder les pieds sur terre. Symbolise l'ancrage dans la réalité.

– **L'œil-de-tigre** : il donne un bon esprit de synthèse et aide à atteindre un objectif.

– **L'œil-de-fer** : il donne du courage, de la détermination et développe l'endurance et la résistance.

• *Équilibrantes*

– **L'émeraude** : elle est symbole d'espoir, de renouveau, assure l'équilibre émotionnel et physique.

– **L'agate aux dessins fantaisistes** : elle facilite le « dégel » des attitudes figées.

– **La cornaline** : elle procure vitalité, énergie et incite à prendre des initiatives.

– **La chrysocolle** : elle incite à la tolérance, à la paix, et incline au pardon.

– **Le lapis-lazuli** : il affine la vision intérieure, pousse à aller de l'avant et à digérer ce que nous refusons d'accepter.

♊ GÉMEAUX

Planète gouvernante

Mercure, symbolise la communication, le raisonnement et l'intelligence, la légèreté, la souplesse mentale et physique, le mouvement et l'échange.

Couleur

Multicolore.

Parties symboliques du corps

Bras, mains, poumons, cavité thoracique, trachée-artère, diaphragme, système nerveux.

Élément

Air.

Profil type

Le Gémeaux a une personnalité double. Il peut être charmant, brillant, communicatif, sociable, enfantin, blagueur, toujours en quête de nouveautés, ses idées sont nombreuses et promptes, ses tâches multiples naturelles. C'est un « touche-à-tout », son esprit versatile est son plus grand atout.
Grâce à des talents verbaux très développés, il papillonne, traite plusieurs informations à la fois, et peut manquer de concentration pour se pencher longtemps sur un sujet en particulier. Il peut changer d'avis rapidement. Il a la langue déliée et aucun scrupule à maquiller la vérité, à manipuler et à persuader. Il peut cacher ses vrais sentiments car il n'est pas à l'aise avec ses émotions.

Mots-clés

• *Ses atouts*

Communication, adolescence, vivacité, échange, adaptabilité, multiplication, addition, respiration, relation, sociabilité, intelligence, jeunesse d'âme, curiosité de l'esprit, écriture, étude, mobilité, animation, éloquence, ingéniosité.

• *Ses lacunes*

Dualité, superficialité, versatilité, inconstance, éparpillement.

Les pierres du Gémeaux

• *Affinitaires*

– **L'agate** : cette pierre aux formes, aux dessins et couleurs variés justifie son analogie avec le signe des Gémeaux qui se distingue par ses visages multiples, ses idées nombreuses et promptes, son adaptabilité, ses facultés d'adaptation, sa curiosité.

– **La calcédoine** : elle favorise la libre expression des idées, c'est la pierre des « beaux parleurs ».

– **La turquoise** : c'est la pierre de la jeunesse et de la communication.

– **La tanzanite** : elle attise la curiosité. C'est la pierre de l'esprit, de la communication et de la créativité artistique et littéraire.

• *Équilibrantes*

– **L'ambre** : il apporte courage et sérénité. Il protégerait les voies respiratoires.

– **L'œil-de-tigre** : il permet de rassembler des informations éparpillées, donne un bon esprit de synthèse, et aide à atteindre un objectif avec une meilleure clarté d'intention.

– **La prehnite** : elle combat la négligence et le manque de persévérance. Structurante, elle élimine le « fouillis » et clarifie les idées de façon méthodique.

– **Le quartz rutile** : il favorise la clarté de l'esprit associée à l'action. Il serait salutaire pour les poumons et les bronches.

– **Le saphir** : il incite à la sincérité et à l'honnêteté, favorise les relations durables et empreintes de fidélité.

CANCER

Planète gouvernante

Lune, symbolise les images féminines : la mère, la femme, l'enfance, la famille, la foule et la popularité, la sensibilité.

Couleur

Blanc.

Parties symboliques du corps

Poitrine, seins, estomac, œsophage, suc gastrique.

Élément

Eau.

Profil type

Cette personnalité est difficile à découvrir. Le Cancer donne l'impression de s'attarder à l'enfance, de se réfugier dans son passé, de s'attacher à sa famille, à sa mère, aux souvenirs, préférant l'intime au social. Sensible, imaginatif, rêveur, sentimental, il se tourne vers l'intérieur et devient contemplatif. C'est un romantique qui a le goût du merveilleux. Il est doté d'une grande intuition. La créativité peut lui servir de moyen d'expression.
Mais son paysage émotionnel est délicat, il peut être d'humeur changeante, vulnérable, susceptible, possessif, jaloux, capricieux et instable.
Certains Cancer peuvent rejeter les valeurs de sécurité et vivre dans la rêverie, la passivité, errer et ne pas s'adapter au réel.

Mots-clés

• *Ses atouts*

Protection, sensibilité, fécondité, gestation, reproduction, nostalgie, passé, plasticité, sentimentalité, attachement, foyer, hérédité, mère, racines, origine, douceur, romantisme sécurité, réceptivité, émotivité, fantaisie rêveuse, intimité, enfance, alimentation, imagination, intuition.

• *Ses lacunes*

Vulnérabilité, susceptibilité, influençabilité, instabilité, caprice, inconscient, intériorité, passivité.

Les pierres du Cancer

• *Affinitaires*

– **La pierre de lune** : elle symbolise la candeur, l'enfance, l'imagination. Elle incite à la rêverie et à la poésie.

– **L'agate blanche** : elle est d'une grande douceur et favorise la sécurité.

– **Le quartz rose** : il accentue la sensibilité, rayonne d'amour et de tendresse.

• *Équilibrantes*

– **La labradorite** : elle protège des énergies négatives, des mauvaises intentions d'autrui et aide à préserver son énergie.

– **L'œil-de-tigre** : il est protecteur, et donne de l'énergie et du dynamisme. Il aide à être plus concret et à atteindre un objectif.

– **La chrysoprase** : elle n'encourage pas à la nostalgie mais incite à accueillir les situations nouvelles avec enthousiasme et sérénité.

– **La calcédoine** : elle aide à faire face aux difficultés et favorise l'expression des idées et des sentiments, calme dans les situations d'énervement.

– **L'agate de feu** : elle permet de ne pas se laisser envahir par ses émotions. Elle procure un sentiment de sécurité, donne de la volonté et favorise l'action.

– **L'apatite bleue** : elle favorise la communication, l'aisance et l'extraversion, apaise le mal-être émotionnel et renforce la confiance en soi.

– **L'opale de feu** : c'est une pierre pleine de vitalité, qui aide à se libérer du passé et à l'aboutissement des projets.

– **La prehnite** : elle apporte ordre, courage, paix et protection. La maison devient un sanctuaire de guérison pour soi-même.

– **La rhodonite** : elle procure l'équilibre émotionnel et physique et le réconfort. Elle élimine les blessures affectives du passé.

LION

Planète gouvernante

Soleil, symbolise les images masculines : père, mari, modèle, chef, le moi conscient, le rayonnement, l'ambition, l'assurance, la loyauté, le courage, la générosité.

Couleur

Jaune.

Parties symboliques du corps

Cœur, dos, vertèbres dorsales, aorte.

Élément

Feu.

Profil type

Le Lion est un souverain naturel, il aime régir les autres, être au centre de la « scène », et être adulé lui semble une évidence !
De nature chaleureuse, charmante, bienveillante, courageuse et loyale, affichant le plus souvent la confiance et la joie de vivre, il aime jouir d'un traitement particulier car son immense fierté est en jeu. Créatif et passionné, quand il croit en lui, des choses étonnantes peuvent se produire mais si cette conviction est détruite, il s'en remet difficilement.
Son désir de vouloir dominer, contrôler peut le rendre tyrannique. Orgueilleux, il peut devenir méprisant s'il est offensé ou trahi, et devient alors un fauve dans l'arène...

Mots-clés

• *Ses atouts*

Royauté, rayonnement, apparence, ambition, confiance, dignité, assurance, endurance, création, générosité, décision, leader, chaleur, courage, puissance, gloire, lumière, fidélité, flatterie, enthousiasme, fierté, volonté, exigence, prestige, bienveillance, charisme, passion, amour, théâtral, éclat.

• *Ses lacunes*

Prétention, susceptibilité, vanité, égocentrisme, impétuosité, orgueil, domination, autoritaire, arrogance.

Les pierres du Lion

• *Affinitaires*

– **Le rubis** : il est le symbole de la vie, de la force, roi des pierres précieuses. C'est la pierre du pouvoir et de l'ambition.

– **La pierre de soleil** : elle rayonne, donne de la force vitale. Elle est pleine de vitalité et de chaleur.

– **La citrine** : elle réchauffe le cœur. Elle est généreuse, joyeuse, remplie de vitalité et de bonne humeur.

– **L'ambre** : il symbolise l'invincibilité et le courage.

– **Le grenat** : il symbolise la force, l'énergie et le courage. Il apporte vitalité et charisme.

• *Équilibrantes*

– **Le lapis-lazuli** : il rapproche des autres, favorise les relations et l'amitié.

– **La chrysocolle** : c'est la pierre de l'amitié, du contact, de la compréhension. Elle incite à la tolérance.

– **L'obsidienne** : elle incite à regarder en soi, à l'observation de son monde intérieur.

– **Le quartz rose** : rayonnant d'amour et de tendresse, il permet une communication tout en douceur.

♍ VIERGE

Planète gouvernante

Mercure, symbolise l'intelligence, le raisonnement.

Couleur

Gris.

Parties symboliques du corps

Ventre, intestins, pancréas, rate, vésicule biliaire.

Élément

Terre.

Profil type

L'efficacité de la Vierge est légendaire. Elle est douée de bon sens, de fiabilité, d'un esprit d'analyse et de créativité pratique. Elle a toujours le contrôle, elle classe, organise, a le sens du détail, de la perfection et ne prend aucun risque. Réservée et silencieuse, elle a quand même besoin de rendre service, d'être là pour les autres. Mais elle est volontiers critique, sélective, étroite d'esprit, et chez elle l'échec n'est pas toléré. Tiraillée entre une sensualité naturelle qu'elle souhaiterait épanouie et le désir inné de pureté... il en découle beaucoup d'inhibition, de conflit intérieur, de tension nerveuse et ses émotions sont alors péniblement confuses.

Mots-clés

• *Ses atouts*

Analyse, purification, chasteté, service, ordre, raison, pratique, méthode, détail, précision, perfectionnisme, modestie, discrétion, pudeur, organisation.

• *Ses lacunes*

Esprit étroit, tatillon, critique, sélection, inhibition.

Les pierres de la Vierge

• *Affinitaires*

– **La prehnite** : elle symbolise l'ordre, la persévérance, élimine le « fouillis » et clarifie les idées de façon méthodique.

– **La howlite** : c'est la pierre de la modération, de la sérénité, qui incite à prendre des décisions réfléchies.

– **La fluorine** : elle favorise l'esprit d'analyse et de synthèse. C'est la pierre du discernement, de l'organisation et de la structuration.

• *Équilibrantes*

– **La pierre de lune** : elle stimule l'imagination, incite à développer les qualités féminines telles que la réceptivité, l'intuition, et apporte de la tolérance.

– **L'amazonite** : c'est une pierre d'harmonie, d'équilibre, de tendresse, qui permet une communication affective plus spontanée et favorise l'épanouissement.

– **La labradorite** : elle protège et évite d'absorber les problèmes des autres et les charges intrusives.

– **L'opale rose** : elle élimine les complexes, les inhibitions, aide à calmer les exigences et la recherche excessive de la perfection.

– **L'opale de feu** : elle lèverait les inhibitions liées au sexe et renforcerait le désir et le plaisir.

♎ BALANCE

Planète gouvernante

Vénus, symbolise la beauté, l'amour, l'harmonie.

Couleurs

Bleu, vert.

Parties symboliques du corps

Hanches, reins, vertèbres lombaires, glandes surrénales.

Élément

Air.

Profil type

La Balance est le symbole de l'équilibre et de la justice. Portée aux compromis, aux concessions, au tact, elle est charmante, adaptable, aimable, sociable, harmonieuse. Les relations sont vitales pour elle. Elle s'efforce de plaire à tout le monde. Le profond désir d'union peut susciter des émotions intenses, l'affectivité a une place d'importance. La Balance possède des pouvoirs de négociation et de médiation et a pour vocation la diplomatie. Mais toute pression poussant à prendre une décision est ressentie comme un stress, elle panique devant l'urgence d'un choix et la nécessité de trancher. Attachée aux conventions, elle a peur de décevoir ou d'être rejetée. C'est pourquoi elle a tant de mal à dire non, tombe parfois dans la compromission, et manque souvent de volonté conquérante.

Mots-clés

- *Ses atouts*

Relation, diplomatie, équilibre, harmonie, choix, sociabilité, union, mariage, paix, séduction, complémentarité, collaboration, équité, conciliation, esthétisme, raffinement, goût, prévenance, sens de la justice, affectivité, tact.

- *Ses lacunes*

Indécision, hésitation, frivolité, incertitude, inconstance.

Les pierres de la Balance

• *Affinitaires*

– **Le saphir** : il favorise les liens durables et la fidélité.

– **Le quartz rose** : c'est la pierre de l'amour, des relations. Elle favorise l'harmonie et la sérénité.

– **L'opale rose (des andes)** : elle est associée à l'amour et à la diplomatie. Elle incite à la sincérité, à la cordialité.

– **Le jade** : il est le symbole de l'harmonie, de l'équilibre et de la félicité.

– **La rhodocrosite** : elle encourage à l'expression spontanée des sentiments, favorise un climat de quiétude et de réconfort.

– **L'amazonite** : elle apporte bonheur et tendresse. C'est une pierre d'harmonie et de communication affective.

• *Équilibrantes*

– **Le quartz fumé** : il donne le sens des responsabilités et amène l'équilibre et la maîtrise de sa vie. Il accroît la détermination, la volonté et aide à prendre des décisions.

– **L'œil-de-tigre** : il donne de la force de caractère et apporte confiance en soi. Il aide à atteindre nos objectifs en rassemblant les informations éparpillées. Il stimule la volonté.

– **Le péridot** : il préserve notre équilibre. C'est la pierre de la félicité.

– **La cornaline** : elle bannit l'hésitation et l'indécision et stimule le goût d'entreprendre, en donnant confiance en soi.

– **L'agate de feu** : elle donne de la volonté et favorise les prises de décisions.

– **La prehnite** : elle clarifie les idées. C'est la pierre du courage et de la persévérance. Elle redonnerait de l'énergie aux reins.

♏ SCORPION

Planète gouvernante

Pluton, symbolise le secret, la destruction et la reconstruction, l'occulte, la régénération.

Couleurs

Rouge, noir.

Parties symboliques du corps

Organes sexuels, prostate, rectum, vessie.

Élément

Eau.

Profil type

Cette nature fascinante et secrète est difficile à connaître. Mystérieux, passionné, et perspicace, il est doté d'une intelligence pénétrante. Sa volonté lui donne la capacité de puiser dans ses ressources intérieures. Cela lui permet de transformer ses ressentis en créations, ses souffrances en renaissances, et ses échecs en défis à relever. Il recherche la fusion avec l'autre ou avec un groupe, pour pouvoir échanger des énergies à un niveau profond et intense. La sexualité occupe une grande place dans sa vie. Son besoin d'absolu le conduit parfois à réaliser de grandes choses.
Mais son intransigeance et son côté obsessionnel le conduisent à cultiver ses rancunes, à préparer ses vengeances, ou à sombrer dans l'autodestruction.

Mots-clés

• *Ses atouts*

Transformation, mutation, magnétisme, intensité, passion, pouvoir, régénération, renaissance, exigence, reconstruction, maîtrise, secret, occulte, initiation, instinct, sexualité, détection, auto-analyse, remise en question, pulsion.

• *Ses lacunes*

Destruction, angoisse, vengeance, rancune, possession, ressentiment, mort.

Les pierres du Scorpion

• *Affinitaires*

– **Le grenat** : il renforce la détermination, donne du courage et de la force.
Il relancerait la vigueur et la fougue physique.

– **L'obsidienne** : symbole de la lucidité, elle a le pouvoir de transformer le noir en lumière. Elle aide à percer les véritables causes d'un problème et conduit au plus profond de soi.

• *Équilibrantes*

– **La pierre de lune** : elle apporte de la tolérance, calme les réactions excessives et apaise le stress.

– **La rhodocrosite** : elle instaure un climat de quiétude et dissipe l'angoisse. Elle est excellente pour les relations et combat les problèmes de jalousie.

– **La labradorite** : c'est un bouclier qui protège des énergies négatives et des mauvaises intentions d'autrui.

– **La sugilite** : c'est une pierre puissante de régénération. Elle apporte de la sérénité à l'esprit tourmenté.

– **Le quartz rose** : il favorise l'expression des sentiments avec tendresse et douceur.

– **L'améthyste** : c'est une pierre de sagesse, de tempérance. Elle agit contre le stress et calme les angoisses.

– **La tourmaline noire** : c'est une pierre de protection qui dévie les ondes négatives.

♐ SAGITTAIRE

Planète gouvernante

Jupiter, symbolise l'expansion, l'épanouissement, la justice et les lois, la légalisation, l'optimisme, la chance et la protection, mais aussi l'exagération.

Couleur

Bleu roi.

Parties symboliques du corps

Cuisses, fesses, nerf sciatique, foie, sacrum, coccyx.

Élément

Feu.

Profil type

Le Sagittaire aspire au dépassement (physique et philosophique), à l'aventure, aux voyages. Épris de liberté, il espère trouver dans des espaces illimités des réponses lui permettant de se réaliser. Il est jovial, sociable, franc. Son optimisme et son enthousiasme sont d'un grand soutien dans ses projets. Sa nature fougueuse, avec des emballements successifs, le pousse à entreprendre. Il est insatiable. Les idéaux ont la priorité dans sa vie.
Mais il peut être dans l'exagération, être un libertaire insoumis, manquer de tact, être impulsif, et prendre des risques spectaculaires. Et négliger parfois ses devoirs et ses responsabilités, car il ne supporte pas les contraintes.

Mots-clés

• *Ses atouts*

Optimisme, évolution, quête, aventure, liberté, idéalisme, philosophie, croyance, loi, aspiration, spiritualité, enseignement, espace, étranger, religion, représentation, guide, protecteur, franchise, indomptable, spontanéité, jovialité, expansion, voyage, générosité.

• *Ses lacunes*

Exagération, nervosité, autoritarisme, fanatisme.

Les pierres du Sagittaire

• *Affinitaires*

– **La turquoise** : c'est la pierre des voyageurs et de la communication. Elle favorise l'écoute des autres et conforte l'amitié.

– **La citrine** : elle est généreuse, donne confiance en soi et encourage à l'optimisme. Elle attire la réussite.

– **Le lapis-lazuli** : il favorise l'idéalisme, accroît l'honnêteté et la franchise.

– **L'opale de feu** : elle renforce le pouvoir personnel, donne de la vitalité, de l'énergie. Elle éveille le feu intérieur, accueille avec enthousiasme les situations nouvelles, et aide à l'aboutissement des projets.

– **La sodalite** : elle incite à la connaissance. C'est la pierre des philosophes.

• *Équilibrantes*

– **La howlite** : c'est une pierre qui enseigne la modération et favorise la communication calme. Elle aide à rester diplomate.

– **L'améthyste** : c'est la pierre de la tempérance et de la sagesse. Elle agit contre le stress et procure équilibre et sérénité.

♑ CAPRICORNE

Planète gouvernante
Saturne, symbolise la sagesse, les restrictions, la patience, la solitude, le renoncement, les frustrations et la sobriété.

Couleur
Noir.

Parties symboliques du corps
Squelette, genoux, peau, dents, ongles, cheveux.

Élément
Terre.

Profil type
C'est le signe le plus patient et le plus opiniâtre du zodiaque. Discipliné, ambitieux et endurant, il excelle dans les tâches difficiles. Signe d'organisation et de persévérance, il est capable d'aller au bout des choses. Son authenticité, son honnêteté et sa sincérité font de lui un être fiable. La maturité est généralement une période plus heureuse que celle de la jeunesse. Les épreuves, le détachement, la sagesse, les exigences envers lui-même et les autres le conduisent pourtant au bout du compte à la plénitude intérieure. Il ressent des émotions mais dévoile prudemment ses sentiments souvent par peur d'être rejeté ou abandonné. Il se sent d'ailleurs plus à l'aise dans la solitude, qu'il pense préférable et qui selon lui, lui évitera bien des souffrances et des déceptions. Malheureusement, son exigence, sa peur de souffrir, son pessimisme, son inaccessibilité, risquent de le condamner au célibat. Il se plaint ensuite de ne pas avoir eu de chance en amour.

Mots-clés
• *Ses atouts*
Patience, détachement, élévation, concentration, consolidation, discipline, endurance, organisation, administration, méditation, expérience, sérieux, rigueur, prudence, devoir, ambition, persévérance, stabilité, sagesse, dépouillement, réalisation, réflexion, montagne.

• *Ses lacunes*
Arrêt, retard, introversion, renoncement, pessimisme, avarice, arrivisme, froideur, solitude.

Les pierres du Capricorne

• *Affinitaires*

– **Le quartz fumé** : il symbolise la concentration et la réalisation. C'est une pierre d'enracinement, de conscience, et qui donne le sens des responsabilités.

– **L'obsidienne** : pierre de la lucidité, de vérité, elle chasse les illusions et conduit au plus profond de soi.

– **Le cristal de roche** : il favorise la clarté de l'esprit, la méditation, et facilite la compréhension de soi.

– **La fluorine** : c'est la pierre de la réflexion, de l'analyse, du discernement. Elle aide à la concentration.

– **La tourmaline noire** : elle contribue à l'enracinement, à garder les pieds sur terre, à rester bien ancré dans la réalité.

– **Le saphir** : c'est la pierre des sages, de l'amour et de la fidélité. Il aide à trouver la paix et la vérité intérieure.

• *Équilibrantes*

– **La pierre de soleil** : elle rayonne, insuffle la joie de vivre. Elle élimine les sentiments d'échec et ramène la douceur dans notre vie.

– **La citrine** : elle aide à voir l'avenir avec optimisme, à développer une attitude positive. Elle dissipe l'inquiétude et détend.

– **Le quartz rose** : il sensibilise, rend le cœur réceptif aux joies de l'amour.

– **La pierre de lune** : elle compense les tendances trop terre à terre, développe la réceptivité et la douceur.

– **L'amétrine** : elle aide à se relaxer, apporte de la chaleur et de l'optimisme.

♒ VERSEAU

Planète gouvernante

Uranus, symbolise le futur, l'inattendu, la modernité, la nouveauté, l'individualisme, l'indépendance, la rébellion, la différence.

Couleur

Ciel.

Parties symboliques du corps

Jambes, chevilles, tendon d'Achille.

Élément

Air.

Profil type

Le Verseau est en quête d'indépendance et a le goût de l'expérience avec une attirance pour l'imprévu, la nouveauté et le modernisme. Il a horreur des contraintes, des conventions, des chemins battus. Il se veut anticonformiste, original, inventif, avant-gardiste. Agité par un désir de changement, idéaliste mais également réalisateur ; sans le Verseau, il n'y a pas de « révolution ». Il a le sens de l'amitié et de la fraternité.
Mais c'est un monde de paradoxes et de contradictions. Le banal lui pèse et son excentricité peut vite tourner à l'inadaptation. Il peut parfois être incohérent et dépourvu de tact.
Rebelle, imprévisible, utopique, il vit dans un climat de haute tension avec un besoin de franchir les limites.

Mots-clés

• *Ses atouts*

Idéalisme, altruisme, progressiste, modernité, fraternité, conception humaniste, révolution, liberté de penser, futur, visionnaire, amitié, connaissance, intuition, ingéniosité, observation, opportunisme, indépendance, originalité, invention, tolérance, sympathie, serviabilité, résistance.

• *Ses lacunes*

Excentricité, contradiction, utopie, égoïsme, rébellion.

Les pierres du Verseau

• *Affinitaires*

– **Le lapis-lazuli** : c'est la pierre universelle de l'amour et de l'amitié, qui incite à aller de l'avant et nous rapproche des autres.

– **L'œil-de-tigre** : c'est la pierre de la liberté de penser, d'ouverture qui déteste les conceptions figées.

– **La tanzanite** : elle n'engage pas à se conformer à la norme et permet de suivre ses idées.

– **La chrysoprase** : elle évoque la nouveauté et occasionne des changements de mentalités. Elle n'encourage pas à la nostalgie mais incite à regarder vers le futur.

• *Équilibrantes*

– **La howlite** : elle est apaisante, aide à élimer la fureur, l'égoïsme. Elle favorise la communication calme et logique.

– **Le rubis** : il apporte la volonté, la persévérance et du réalisme.

– **La sodalite** : elle permet de promouvoir ses idées et concepts et facilite la communication tranquille en groupe.

♓ POISSONS

Planète gouvernante

Neptune, symbolise la fusion, la foi, l'infini, l'irrationnel, l'impalpable, les rêves, les drogues, l'inspiration, la confusion, l'erreur.

Couleur

Marine.

Parties symboliques du corps

Pieds, système lymphatique.

Élément

Eau.

Profil type

Sans doute le signe le plus sensitif, le plus intuitif, empathique et inspiré du zodiaque. Réceptif, impressionnable, à la plasticité psychique exceptionnelle, le Poissons recherche l'inflation émotive, la fusion, l'osmose et désire échapper au monde de la limitation. Il connaît l'exaltation de la vie profonde et est capable des plus grands enchantements de l'âme.

Mais il a du mal à gérer les dures réalités de la vie. Ses marées intérieures le conduisent à nager sans cesse entre deux eaux, avec beaucoup de confusion et d'indifférenciation. Il se réfugie dans un monde de fantasmes, de chimères, et absorbe comme une éponge le meilleur comme le pire.

Mots-clés

• *Ses atouts*

Compassion, réceptivité, mysticisme, fusion, mystère, intuition, inspiration, rêverie, clairvoyance, sensation, dévouement, intériorisation, imagination, foi.

• *Ses lacunes*

Impressionnabilité, indécision, sacrifice, désorientation, superstition, confusion, souffrance, illusion, dissolution, fantasmes, trahison, insaisissabilité, indifférenciation, chimères, fuite, insouciance.

Les pierres du Poissons

• *Affinitaires*

– **La pierre de lune** : elle développe les qualités féminines telles que la réceptivité et l'intuition. Elle incite à la rêverie.

– **L'aigue-marine** : elle accroît la sensibilité et donne une grande capacité d'écoute.

– **Le larimar** : il rayonne d'amour et de paix, permet d'être à l'écoute de ses intuitions et facilite les états méditatifs.

• *Équilibrantes*

– **La labradorite** : elle protège et aide à se préserver des charges intrusives, envahissantes d'autrui.

– **L'améthyste** : elle protège de l'ivresse, des dérives, aide à combattre les addictions, les dépendances. Elle favorise la tempérance, l'équilibre, la sérénité.

– **Le quartz fumé** : il permet d'affronter les grandes périodes bouleversées de la vie. Il aide à avoir les pieds sur terre, c'est une pierre d'enracinement qui donne le sens des responsabilités et qui accroît la détermination.

– **La fluorine** : elle aide à la concentration, à structurer ses idées.

– **La pierre de soleil** : elle apporte chaleur, lumière et énergie. Elle est efficace contre la tristesse, et aide à prendre soin de soi.

– **L'œil-de-tigre** : il donne de la force au caractère et rend plus volontaire. C'est une pierre qui protège des malédictions.

– **La cornaline** : elle aide à trouver sa voie, renforce le mental, donne du courage et de la motivation.

– **La prehnite** : c'est une pierre de guérison et d'apaisement, elle donne du courage et de la persévérance.

– **La rhodonite** : elle restaure l'équilibre lors d'états émotionnels fluctuants. Elle dissipe l'inquiétude et apporte du réconfort.

– **La sugilite** : elle est très spirituelle et favorise la méditation. Elle apporte la lumière aux situations sombres et la sérénité à l'esprit tourmenté, aide à faire face à son mal-être.

CHOISIR UNE PIERRE

« Les déclarations d'amour pour toujours ne sont jamais ridicules quand elles s'accompagnent d'émeraudes. »

Somerset Maugham

POUR SOI

Par intuition et attirance

Choisissez votre pierre en fonction de ce que vous en attendez, à partir des propriétés décrites dans chaque fiche. Lors de son achat, concentrez-vous, essayez d'être à l'écoute de votre intuition, observez l'harmonie que font naître certaines pierres devant vous.

Mais vous pouvez également agir avec plus de spontanéité et aller tout simplement vers la pierre qui vous attire pour sa couleur, sa forme, sa vibration.Vous serez alors parfois surpris de constater que c'est justement celle dont vous aviez besoin !

D'après votre caractère, votre signe astrologique

Choisissez la pierre qui correspond le mieux à votre caractère, à votre signe astrologique (lire le chapitre « Pierres et signes astrologiques », page 113), celle qui vous aidera à renforcer et à valoriser les aspects positifs de votre personnalité ; ou bien celle qui vous permettra d'évincer ou de tempérer les aspects moins bénéfiques, favorisant ainsi une harmonie entre les différentes facettes de votre être.

Selon la circonstance

• *Suggestions pour créer une amulette ou un talisman*

Dans certaines situations ou moments de votre vie, vous pouvez décider de vous « allier » à une pierre particulière.

Préparez une amulette, notamment dans des situations ponctuelles où vous avez besoin de vous protéger : entretien de recrutement, rendez-vous familial difficile, visite à un parent malade... Tournants de vie, crises, dangers clairement identifiés sont alors particulièrement concernés

Choisissez votre pierre (notamment dans les pierres de protection, page 69), lavez-la soigneusement. Regardez-la avec attention et, en conscience, dites-vous intérieurement ce que vous attendez d'elle. Ensuite dissimulez-la dans une petite pochette. Vous seul devez pouvoir la toucher. Vous pouvez écrire sur une feuille ce que vous attendez d'elle et garder ce texte dans un coin non éloigné d'elle. Portez-la sur vous ou dans votre environnement le plus quotidien aussi longtemps que la crise ou l'événement difficile durera.

Pour le talisman, procédez de la même façon. Préférez des pierres travaillées, ciselées, et réservez-les pour des temps de protection plus longs : cycles de vie que vous souhaitez harmonieux, fluidité dans une relation affective, sérénité au travail où vous pouvez demander créativité et patience, par exemple...
Vous pouvez aussi écrire un texte invoquant les bienfaits que vous souhaitez. Le talisman peut être disposé dans une salle où vous trouvez du repos, ou sur un petit autel que vous aurez créé.

En fonction des différents événements de votre vie

• *Rencontre amoureuse*

Le quartz rose : c'est la pierre qui favorise la rencontre amoureuse car elle est rassurante. Le quartz rose intensifie la sensibilité, accroît la confiance en soi et en l'autre, rend le cœur réceptif. Il met en valeur l'intention et permet l'extériorisation des sentiments. De manière générale, il sensibilise aux joies de l'amour.

• *Fiançailles, mariage*

Le diamant : c'est la plus précieuse des pierres (il lui faudrait un livre à lui seul !), invincible et pure. Symbole de l'union, de l'amour éternel. Il renforce l'engagement. C'est aussi la pierre de la réconciliation.

Le saphir : symbole de sincérité, de fidélité et d'engagement, il favorise l'amour exclusif et l'attachement. C'est pourquoi on le retrouve souvent comme « favori » dans les bagues de fiançailles.

Le jade : il est le symbole de la prospérité et de l'engagement à deux, de la chance dans le domaine amoureux (voir « La Chine et l'empire du jade », page 21).

• *Désir d'enfant (fertilité)*

La pierre de lune : elle influencerait fortement le cycle menstruel féminin, équilibrerait le système hormonal et aurait une action sur la fertilité, la conception. La grossesse serait favorisée par son pouvoir de réguler notre horloge biologique.

La cornaline : elle stimulerait le métabolisme, éliminerait les blocages et agirait sur les organes reproducteurs féminins, grâce à sa tonicité et son énergie positive.

L'émeraude : la tradition dit que l'émeraude aiderait aussi à la fertilité dans la mesure où elle symbolise l'espoir, l'arrivée du printemps, l'équilibre physique et émotionnel.

• *Grossesse (accouchement)*

La chrysoprase : elle est idéale pour accompagner un accouchement en douceur, grâce au sentiment de sécurité et de confiance qu'elle procure et qui favorise la relaxation.

• *Rupture, divorce*

La pierre de soleil : elle sera d'un grand soutien dans les moments difficiles de la séparation, car elle agit comme un antidépresseur, élimine les sentiments d'échec. Son nom est prometteur, comme le soleil, de lumière et de force vitale. Elle éloigne la tristesse et aide à retrouver un équilibre. Elle facilitera le détachement, en gommant soigneusement les sentiments de dépendance, de regrets et en aidant à envisager l'avenir avec optimisme.

La citrine : riche en énergie lumineuse, positive, elle procure soleil et chaleur aux esprits tourmentés, apaise les désaccords et facilite l'analyse de la situation avec sagesse. Elle est efficace contre l'inquiétude, la dépression, la tendance à s'accrocher au passé, aux peurs ; ainsi, elle éteint la colère. Elle sera donc très utile dans les grandes périodes de bouleversements (crise affective, rupture) et encouragera à aller de l'avant avec confiance et optimisme.

Le quartz rose : guérisseur des blessures de l'âme et de l'amour, c'est aussi la pierre du pardon, de la paix. En période de crise ou de traumatisme affectif, il sera rassurant, calmant le chagrin de l'amour perdu. Il aidera à accepter l'inacceptable, à retrouver la confiance en l'amour et pourquoi pas... à aimer une nouvelle fois en toute sérénité.

La rhodocrosite : elle est antistress et aide à la cicatrisation des blessures sentimentales. C'est pourquoi elle ramènera un climat de quiétude après une séparation ou dans une période de crise affective. C'est la pierre du réconfort, de l'équilibre et de la guérison.

• *Deuil*

La pierre de soleil : elle chasse la dépression qui pourrait survenir après un décès. Bienveillante, elle réconforte, rassure, réchauffe le cœur, et apaise le chagrin provoqué par la disparition d'un être cher.

La citrine : elle favorise le calme intérieur, réchauffera et réconfortera les cœurs endeuillés. Elle procure une énergie lumineuse positive qui atténuera peu à peu la tristesse et ramènera la sérénité dans notre vie.

La sélénite : procurant une ambiance sereine et une paix profonde, elle sera par conséquent recommandée en période de deuil, car elle apportera de la douceur et du réconfort.

• *Emménagement / déménagement*

La chrysoprase : si vous changez d'habitat, elle sera bénéfique car c'est la pierre du renouveau (symboliquement du printemps), et elle aide à commencer une nouvelle vie dans un nouvel environnement. Elle ouvre aux situations inédites tout en apportant un sentiment de confiance et de sécurité.

La prehnite : elle aide à éliminer les choses inutiles et le fouillis. Elle favorise l'organisation et le rangement. Elle permet d'envisager l'installation dans sa nouvelle demeure avec enthousiasme, et d'en faire un sanctuaire de sérénité et de bien-être.

Le sel gemme (lampe) : le sel gemme est recommandé pour la purification, l'assainissement des lieux de vie, il sera donc recommandé de placer une lampe à sel dans sa nouvelle demeure. Elle diffusera une lumière douce et rassurante, créant ainsi une atmosphère chaleureuse et facilitera l'adaptation et le bien-être lors de l'emménagement. Placée près d'un ordinateur, elle protégera des ondes négatives que celui-ci propage.

L'agate : elle harmonisera le nouvel espace de vie.

L'œil-de-tigre : c'est une pierre de protection que l'on placera dans sa nouvelle demeure, de préférence vers (ou au-dessus de) la porte d'entrée pour chasser les ondes négatives.

• *Périodes d'examens (études)*

La fluorine : elle convient tout particulièrement pour les travaux intellectuels, car elle favorise une plus grande capacité de réflexion, de concentration et améliore la mémoire.

La citrine : elle aide à atteindre un but avec succès, elle procure de l'énergie positive et, force de concentration, elle est excellente pour les révisions en période d'examens.

L'améthyste : elle stimule la clarté de l'esprit, remédie à l'insomnie (fréquente en période d'examens), et réduit le stress.

Le cristal de roche : il lève les blocages et permet la circulation énergétique. Il dynamise, éloigne la fatigue et favorise la clarté de l'esprit.

L'amétrine : elle favorise le bien-être et la vitalité, intensifie la concentration, et aide à être détendu en période d'examens.

La pyrite de fer : elle donne le sens de l'organisation, stimule les facultés intellectuelles, recharge en énergie ce qui en fait une pierre très utile en période d'examens.

L'agate : l'agate de couleur aux lignes régulières donnera de l'énergie et renforcera la concentration.

• *Nouveau travail*

La citrine : elle attire la prospérité, la réussite et sera de bon augure pour le commencement d'un nouveau travail. Elle stimule la créativité, donne de la motivation, et aide à développer une attitude positive. Elle permet d'apprécier les nouvelles expériences avec bonne humeur et enthousiasme.

La cornaline : elle motive et aide à surmonter les obstacles, encourage à faire des choix positifs. Elle donne beaucoup d'énergie et de vitalité. Elle incite à la réussite et sera donc une alliée pour commencer un nouveau travail.

La calcédoine : elle permet d'exprimer ses idées avec aisance et sera utile par exemple lors d'un entretien d'embauche. Elle favorise l'éloquence, la liberté d'expression, donne une voix agréable et sera d'un grand soutien lors d'une prise de parole en public, pendant une conférence ou une discussion.

L'opale de feu : elle renforce le pouvoir personnel et est excellente pour les affaires. Elle est pleine d'énergie et apporte une vision positive du futur. Elle facilite le changement et l'aboutissement des projets.

• *Association, collaboration*

L'apatite bleue : elle stimule la capacité d'écoute et pousse à l'extraversion. Elle intensifie la communication de groupe et favorise les échanges.

La sodalite : elle permet de promouvoir ses idées et facilite la communication. Elle suscite l'harmonie lors d'un travail en équipe et une solidarité quant à l'objectif.

La topaze bleue : c'est une pierre de dialogue qui facilite la communication et l'écoute des autres.

La chrysocolle : c'est la pierre de la spontanéité, du contact et de la communication mais aussi celle de la compréhension et de la tolérance, ce qui en fait une bonne pierre lors d'associations.

• *Santé (maladie)*

La sugilite : elle apporterait son soutien lors de maladies graves et renforcerait le système immunitaire.

• *Allergies saisonnières*

L'ambre : il protégerait les voies respiratoires et calmerait les crises d'asthme et les allergies saisonnières.

L'aigue-marine : elle serait utile en période d'allergies, car elle possède des vertus apaisantes et calmerait, entre autres, les irritations de la gorge.

Le quartz rutile : ce serait une pierre salutaire pour les poumons et les problèmes respiratoires, donc recommandée contre les allergies.

• *Convalescence*

L'hématite : elle donne de la vitalité et du courage. Elle rétablit et fortifie. Elle serait utile en cas d'anémie.

Le cristal de roche : il a des effets tonifiants et donne de l'énergie. Il aide à reprendre des forces après une période de fatigue ou de maladie.

La citrine : elle est recommandée dans une chambre de convalescent, car elle est chaleureuse et redonne de la force et de l'énergie.

La pyrite de fer : elle surmonte la fatigue, donne du tonus et de la vitalité après des moments d'épuisement ou de maladie.

L'œil-de-fer : il symbolise la vitalité, l'énergie et la force et conviendra parfaitement après une période de grande fatigue.

Le grenat : c'est une pierre d'énergie qui redonne de la force et apporte de la vitalité. Elle sera très utile en période de fatigue.

• Période de stress

L'améthyste : elle est relaxante et calme les émotions, remédie à l'insomnie. Excellente pour la méditation. C'est une pierre de tempérance et de sérénité.

La rhodocrosite : elle calme les perturbations émotionnelles et dissipe l'inquiétude.

L'amétrine : elle favorise le bien-être et la méditation en éliminant la tension mentale. Elle soignerait les affections liées au stress, comme les maux de tête, les ulcères, la fatigue, la dépression.

La charoïte : elle diminue le stress, l'inquiétude et vainc l'insomnie. Elle incite à être plus détendu.

La cyanite (Disthène) : elle peut rapidement amener un sentiment de calme et de tranquillité.

L'agate blanche : elle libère des tensions et procure un sentiment de tranquillité.

• Combattre une addiction (tabac, alcool, drogue)

L'améthyste : considérée comme une pierre de sobriété, elle aide à se libérer d'addictions, au tabac, à l'alcool, aux drogues, et sera d'un grand soutien en période de « sevrage ».

Le quartz fumé : il donne du courage et accroît la détermination, son soutien sera grand en cas d'addiction car il apporte une plus grande maîtrise de notre vie.

• Ménopause

La calcédoine : elle serait efficace au moment de la ménopause, car elle supprimerait les bouffées de chaleur, l'hypersensibilité et tous les troubles ressentis à cette période.

• Vieillesse (avancée en âge)

L'ambre : il apaiserait les douleurs articulaires d'origine rhumatismale et favorise un état mental positif qui éloigne la dépression.

L'œil-de-fer : il favorise la vitalité, donne le courage d'affronter les soucis propres à l'avancée en âge comme l'ennui, la fatigue, les douleurs, la mauvaise circulation sanguine.
La pierre de soleil : c'est la pierre qui dissipe la tristesse et qui amène lumière, chaleur et énergie. Elle agit comme un anti-dépresseur, et insuffle la joie de vivre aux personnes âgées qui pourraient avoir des idées sombres à ce moment de leur vie.
La citrine : c'est une pierre bénéfique, chaleureuse et rassurante, qui aide à surmonter la dépression à cette période de la vie. Elle éloigne la fatigue et redonne de l'énergie.
L'améthyste : elle dissipe la peur et l'anxiété, c'est la pierre de la sagesse et de la sérénité. Elle est efficace contre l'insomnie et procure un sommeil reposant. Elle renforcerait également la mémoire.
L'hématite : c'est une pierre qui combat la fatigue et donne de l'énergie. Elle soulagerait aussi les problèmes circulatoires.
L'agate blanche : elle rassure et apporte un sentiment de douceur, de calme, et de repos.
Le jade : il régulerait les problèmes rénaux des personnes âgées et serait un bon allié pour la santé.
Le quartz rose : c'est la pierre de l'amour, de la tendresse, et de la douceur. Elle sera rassurante à cette période automnale de la vie.

• *Pratique d'un sport*
Le cristal de roche : il combat la fatigue et redonne de l'énergie.
L'œil-de-fer : il est recommandé aux sportifs car il procure de la force et de l'énergie. Il sera d'une grande aide lorsque l'on doit fournir un effort soutenu. Il régulerait le rythme cardiaque, atténuerait les courbatures et éviterait les crampes.
L'hématite : lors d'efforts physiques intenses, elle a des effets défatigants, soulage des problèmes circulatoires et des crampes. Elle donne de la vitalité.

• *Voyage*
L'aigue-marine : c'est une pierre de protection des voyageurs sur l'eau. Elle serait efficace contre le mal des transports et posséderait des vertus apaisantes.

La turquoise : elle protège des accidents et des dangers divers, lors de déplacements géographiques, et quel que soit le mode de transport.

Le cristal de roche : il est recommandé pour le mal des transports.

POUR UN ANNIVERSAIRE

20 ans

Le quartz rose : le quartz rose aide à « grandir », à passer dans le monde des adultes sans perdre le climat sécurisant de l'enfance. Il inspire, favorise la réalisation de « belles choses » nées de l'amour.

La turquoise : c'est la pierre de la jeunesse « éternelle », de la communication et de l'amitié. Elle donne de l'enthousiasme, incite aux voyages et à la curiosité.

La sodalite : c'est la pierre de la communication, des étudiants, elle favorise l'expression de ses idées et accroît la confiance en soi.

La tanzanite : elle stimule l'imagination, la créativité, donne l'envie de se cultiver et encourage à suivre ses propres idées « à devenir ce que l'on est ». C'est une pierre qui favorise « l'accomplissement de soi ».

La topaze bleue : elle symbolise l'amitié, le dialogue. Elle aide à mettre en valeur ses plus belles qualités.

Le jade : il apporte la prospérité.

40 ans

Le quartz rose : c'est une pierre qui libère des angoisses, guérit les blessures de l'âme, en apportant de la douceur à notre vie. Attention cependant si l'on traverse une crise dans son couple (crise de la quarantaine), car le quartz rose sensibilise à l'amour, et si le couple n'est pas assez solide... il sensibilisera à l'amour de la nouveauté.

Le chrysoprase : c'est la pierre du printemps qui correspond bien à cet âge de la vie. Elle favorise l'espoir et encourage à la vision positive de « l'après-40 ans ». Elle stimule, donne un second souffle... et de l'enthousiasme.

La pierre de soleil : elle symbolise la force vitale, rend rayonnant, joyeux, procure de l'énergie, le goût de vivre. Elle aidera à passer le cap de la quarantaine en écartant les pensées moroses et encouragera à l'optimisme.
La citrine : c'est une pierre chaleureuse, énergisante, qui attire la prospérité, stimule l'expression personnelle. Elle aide à se laisser emporter par le courant, éloigne la dépression, aide à développer une attitude positive et à voir l'avenir avec optimisme.

50 ans

Le jaspe orbiculaire : il symbolise la régénération et aurait une action sur le rajeunissement des cellules. C'est une pierre qui aide à affronter l'après 50 ans avec calme et sérénité.
La calcédoine (pour une femme) : elle est recommandée au moment de la ménopause, car elle supprimerait efficacement les bouffées de chaleur et les troubles ressentis à cette période.
L'améthyste : c'est une pierre de sérénité, elle éloigne le stress, et calme les émotions qui pourraient nous envahir à cet âge charnière de la cinquantaine.
La pierre de soleil : c'est une pierre efficace contre la tristesse, la morosité, le pessimisme qui pourrait bien nous envahir à la cinquantaine... C'est une pierre qui réchauffe, rassure, et procure vitalité, bonne humeur et optimisme.
La citrine : c'est une pierre qui éloigne de la fatigue, et donne de l'énergie. Elle rassure et encourage à l'optimisme.
L'amazonite : elle est apaisante, allège les peurs et l'inquiétude qui peuvent survenir à ce cap de la cinquantaine. C'est une pierre d'harmonie et d'épanouissement.

POUR FAIRE UN CADEAU

De mariage

Le jade : il apporte la prospérité aux mariés et intensifie les sentiments amoureux (voir « La Chine et l'empire du jade », page 21).
La citrine : c'est une pierre de prospérité et d'abondance. Elle attire la réussite.
Le quartz rose : il symbolise l'amour.

De naissance

Le quartz rose (morceau brut ou pierre polie roulée à poser dans la chambre) : c'est la pierre des enfants, elle rayonne de tendresse et d'amour et rassurera le nouveau-né.

Au bébé

L'ambre (collier) : il sera apaisant et soulagera les douleurs lors des premières percées dentaires.
L'agate blanche : elle apporte un sentiment de calme, de sécurité, de douceur et de tendresse.

Aux nouveaux parents

La chrysoprase : c'est la pierre d'un nouveau cycle de vie qui incite à accueillir les situations nouvelles avec sérénité et enthousiasme. Elle procure un sentiment de sécurité, de confiance et de bien-être.
La citrine : elle symbolise la joie, la vitalité et dissipe l'inquiétude.

À un enfant

Le quartz rose : c'est la pierre de l'amour inconditionnel. Il apporte de la douceur, rassure. L'enfant est souvent fortement connecté à la tendresse qui émane de cette pierre. C'est une pierre bénéfique pour lui, car elle est en harmonie avec son monde.
Le larimar : il symbolise la douceur et l'harmonie et rayonne d'amour et de paix. Il sera rassurant pour l'enfant.
Le sel gemme (lampe) : dans une chambre d'enfant, il diffuse une lumière orangée, douce et rassurante.

À un adolescent

Le quartz rose : il apporte amour, douceur et sérénité, apaise et guérit les blessures affectives, les chagrins d'amour souvent si difficiles à consoler à cet âge. Il aidera l'adolescent à s'aimer tel qu'il est.
La turquoise : elle offre réconfort à l'esprit, favorise l'épanouissement personnel. C'est la pierre de l'amitié, de la jeunesse et de la communication.
L'amétrine : elle élimine le stress, intensifie la concentration, favorise l'optimisme et le bien-être.
L'apatite bleue : elle apaise le mal-être émotionnel et absorbe la négativité envers soi-même et les autres. Elle facilite l'expression personnelle et la communication.

L'améthyste : elle est antistress, dissipe l'inquiétude, lutte contre l'insomnie, et aide à la concentration.

L'aventurine : c'est une pierre de réconfort et d'équilibre. Elle serait particulièrement efficace contre les problèmes de peau (acné, eczéma, etc.).

La sodalite : c'est la pierre des étudiants, elle stimule et consolide la pensée logique, donne confiance en soi et facilite la communication de groupe.

La topaze bleue : c'est la pierre du dialogue, de l'écoute, elle favorise la communication, l'amitié.

La cornaline : c'est une pierre stimulante, tonique, qui donne de la motivation et du courage, elle oriente vers des choix positifs en donnant confiance en soi.

La fluorine : elle symbolise la réflexion, la concentration, et améliore la mémoire, l'esprit d'analyse. Elle facilite l'apprentissage de données nouvelles. C'est la pierre du discernement et de l'organisation. C'est donc une très bonne pierre pour un adolescent durant ses années d'études.

La citrine : elle est recommandée aux êtres sensibles, fragiles qui pourraient avoir des pensées tristes et négatives à cette période de l'adolescence. Soutenus par la citrine, ils retrouveraient un sens à leur vie et une attitude positive. La citrine est efficace contre la dépression, l'inquiétude, la nervosité. Elle encourage à voir l'avenir avec optimisme. Elle est excellente pour la concentration, pour la révision d'examens.

Le sel gemme (lampe) : la lampe en sel gemme, lorsqu'elle est allumée, assainit la pièce dans laquelle elle se trouve et crée une atmosphère chaleureuse de détente. On pourra également la placer près d'un ordinateur où elle neutralisera les mauvaises ondes que celui-ci propage.

La tourmaline noire : c'est une pierre d'ancrage qui aide à garder les pieds sur terre mais elle symbolise aussi la protection, car elle dévie les pollutions d'origine électromagnétiques des ordinateurs (très utilisés par les adolescents), et de la télévision.

À nos parents

Le jade : il apporte la prospérité, la sérénité et favorise la longévité. Selon la légende (voir p. 21), c'est la pierre de la belle maturité pour celui qui cherche à la vivre dans la sérénité.

Le quartz rose : c'est la pierre de l'amour, des beaux sentiments, de la tendresse, quoi de plus évident que de l'offrir aux êtres qui nous sont chers et nous ont donné la vie ?

La citrine : c'est le symbole de la prospérité et de l'abondance. C'est une pierre qui rassure et qui procure vitalité et régénération.

La labradorite : c'est une pierre de protection et de régénération.

À une personne âgée

L'ambre : il apaiserait les douleurs articulaires d'origine rhumatismale et favorise un état mental positif qui éloigne la dépression.

La citrine : c'est une pierre bénéfique, chaleureuse et rassurante, qui aide à surmonter la dépression à cette période de la vie. Elle éloigne la fatigue et redonne de l'énergie.

L'améthyste : elle dissipe la peur et l'anxiété, c'est la pierre de la sagesse et de la sérénité. Elle est efficace contre l'insomnie et procure un sommeil reposant. Elle renforcerait également la mémoire.

L'amétrine : elle favorise le bien-être et la joie de vivre. Elle soignerait les ulcères, la fatigue, la dépression.

L'œil-de-fer : il favorise la vitalité, donne le courage d'affronter les soucis propres à l'avancée en âge comme l'ennui, la fatigue, les douleurs, la mauvaise circulation sanguine.

Le jade : il régulerait les problèmes rénaux des personnes âgées et serait un bon allié pour la santé.

À l'élu(e) de notre cœur

Le diamant : c'est la pierre de « l'Amour éternel ».

Le quartz rose : c'est la pierre de l'amour, qui favorise la déclaration et l'expression de beaux et profonds sentiments.

Le saphir : il est le symbole de l'amour et renforce les liens. C'est la pierre de la fidélité.

Le jade : comme le dit la légende (voir page 22), il symbolise l'engagement amoureux.

À un(e) ami(e)

Le lapis-lazuli : il est le symbole de l'amitié et contribue à l'harmonie dans les relations.

La turquoise : elle renforce le sentiment d'affection réciproque, la complicité et le lien amical.

OÙ PLACER LES PIERRES ?

Ceux qui aiment porter des bijoux bénéficient des vibrations bienfaisantes des pierres par leur contact avec la peau. Mais il est aussi possible de porter d'autres pierres sur soi – dans la poche, dans un sac à main... – ou sous l'oreiller. On choisira alors des pierres aux formes douces ou, si l'on préfère, une pierre brute que l'on enveloppera dans un petit sac de protection.

Si l'on souhaite installer les pierres dans son environnement, chez soi ou au bureau, on optera pour des minéraux bruts ou des objets travaillés (boules, œufs, statuettes, pyramides, galets, pierres roulées polies...). Leur présence permanente provoquera un rayonnement s'opposant aux vibrations négatives de l'endroit (énervement, insomnies, disputes...).

Lorsqu'un habitat est équilibré, sain et harmonieux, tous ses habitants en profitent. Au contraire, tout lieu de vie trop chargé en ondes électromagnétiques, radiations, mauvaise énergie aura une influence plus ou moins négative sur ceux qui y vivent (sur leur santé, leurs humeurs, leur quotidien, etc.).

L'atmosphère et l'énergie de notre habitat ayant une influence directe sur notre bien-être, je vous recommanderai ci-dessous l'endroit le plus approprié pour placer vos pierres dans la maison, car en les plaçant judicieusement, vous profiterez au mieux de leur action positive.

DANS L'ENTRÉE

Lieu de l'accueil et des départs, ce « sas », qui n'est pas vraiment une pièce, mérite en réalité une grande attention pour laisser entrer le meilleur... et éloigner le pire.

L'œil-de-tigre : au-dessus de la porte d'entrée ou dans le couloir d'entrée, c'est une pierre qui offre une protection efficace sur le plan énergétique et éloigne les mauvaises intentions d'autrui envers nous. Elle agit comme un miroir, repoussant les ondes négatives vers celui qui les émet. Traditionnellement, l'œil-de-tigre était porté comme talisman contre les malédictions.

La tourmaline noire : si notre compteur électrique se trouve dans l'entrée, on placera un morceau brut de tourmaline noire dessus (ou une pierre polie roulée). C'est une pierre de protection qui dévie les pollutions d'origine électromagnétiques.

DANS LA PIÈCE À VIVRE

C'est l'endroit où tout le monde se retrouve, où sont prises les décisions communes et qui nourrit les échanges. Chez un célibataire, c'est une pièce parfois délaissée, qui mérite d'être revitalisée.

L'améthyste : elle est antistress et purifie l'atmosphère.
Le cristal de roche : il amplifie le rayonnement, donne de l'énergie et favorise la clarté de l'esprit.
Le lapis-lazuli : il favorise un climat de sympathie, de gaieté, d'amitié et de convivialité. Il contribue à l'harmonie dans les relations.
La calcédoine : elle facilite l'expression orale, le discours clair et aide au dialogue.
La prehnite : elle aide à l'élimination du désordre, du fouillis, à se débarrasser des choses inutiles.

DANS LE SALON

On s'y délasse ou on y fait des confidences à ses intimes. Le confort doit dominer ici.

La lampe à sel : purifiante, assainissante, diffusant une lumière douce, la lampe à sel crée une atmosphère chaleureuse de détente.
L'améthyste : elle harmonise, purifie et procure paix et détente.
La citrine : elle rassure, détend et favorise une attitude chaleureuse.
La rhodocrosite : elle éloigne l'inquiétude et favorise une bonne communication dans les relations.
L'amazonite : elle favorise l'épanouissement, crée un climat de bonheur et de tendresse, dissipe les énergies négatives qui nous entourent.
L'apatite bleue : c'est une pierre qui favorise la communication.
Le jade : il symbolise la sérénité, la chance et la prospérité.

DANS LA CHAMBRE DES ENFANTS

Endormissement, rêves nocturnes ou éveil tard dans la nuit, c'est un endroit stratégique pour l'équilibre des petits... comme celui de leurs parents.

Le quartz rose : placée près du lit (sous forme de pierre brute ou polie), cette pierre apporte douceur, sérénité et rassure notamment au moment de l'endormissement, lorsque l'enfant éprouve des difficultés à rester seul.
L'agate blanche : placée près du lit, elle rassure, diffuse de la douceur et procure calme et repos.
La lampe en sel gemme : dans la chambre, elle diffuse une lumière douce et crée une atmosphère chaleureuse et rassurante.
L'améthyste : placée près du lit, elle favorise un sommeil calme et profond.

DANS LA CHAMBRE DES ADULTES

Lieu de repos et de régénération, cette pièce invite aussi au dialogue et aux... plaisirs sensuels.

L'améthyste : placée près du lit (morceau brut, objet, galet...) ou sous l'oreiller (petite pierre polie roulée), elle favorise la détente, le repos et combat l'insomnie.
La citrine : placée près du lit (morceau brut ou pierre polie roulée), pendant une période de grande fatigue ou de convalescence, elle aidera à retrouver la santé.
La rhodocrosite : placée près du lit (pierre polie roulée), elle instaure un climat de quiétude, de réconfort et dissipe l'angoisse. Elle est excellente pour les relations.
Le quartz rose : placé près du lit, il favorisera l'expression des sentiments et les échanges amoureux.
Le grenat : il relancerait la fougue et la vigueur physique. Par conséquent il ne favorise pas le sommeil...
L'opale de feu : elle renforce le désir, le plaisir et lèverait les inhibitions liées au sexe. Elle n'incite pas au repos...

DANS LA PIÈCE DE MÉDITATION, DE RELAXATION

Ici, calme et profondeur doivent l'emporter.

Le cristal de roche : il favorise la clarté de l'esprit.
L'obsidienne : elle nous conduit au plus profond de nous-même.
La pierre de soleil : elle nous aide à prendre soin de nous-même, apporte de la lumière, de la chaleur, favorise la relaxation et la détente.
La citrine : rassurante, généreuse, elle détend et rend joyeux.
L'amétrine : elle élimine le stress et aide à se relaxer.
L'améthyste : c'est la pierre de la sagesse et de la tempérance. Elle calme les angoisses, aide à se détendre et dissipe les tensions nerveuses.
La cyanite : c'est une pierre reposante, elle calme le mental et aide à dissoudre la confusion émotionnelle.

DANS LE BUREAU

Travailler et réfléchir sans être stressé, tel est l'enjeu de cet endroit où certains passent beaucoup de temps.

Le cristal de roche : il donne de l'énergie et du courage.
La fluorine : elle favorise la concentration, la clarté de l'esprit et développe les facultés intellectuelles.
La citrine : elle attire la prospérité et l'abondance (à placer dans une tirelire, un porte-monnaie). Elle facilite aussi la concentration et la révision en période d'examens et la réussite de ceux-ci.
La cornaline : elle aide à la concentration, donne de la motivation et du courage.
La prehnite : elle accroît la persévérance, clarifie les idées de façon méthodique.
La pyrite de fer : elle donne le sens de l'organisation, de la créativité et stimule les facultés intellectuelles.
L'améthyste : elle éloigne le stress.

PRÈS DES APPAREILS (TV, ORDINATEUR, WIFI, MICRO-ONDES, TÉLÉPHONE PORTABLE)

Placer sur ou près de chaque appareil.

La tourmaline noire : c'est une précieuse alliée contre les effets néfastes de notre environnement moderne (téléphone portable, ordinateur, wifi, micro-ondes, compteur électrique, TV). Elle a la propriété de dévier les ondes nocives émises par ces nouvelles technologies.

Lampe en sel gemme (allumée) : elle assainit l'atmosphère, protège des ondes négatives électromagnétiques.

La malachite : elle absorbe les charges énergétiques nocives ainsi que les polluants de l'atmosphère et trouve donc de toute évidence sa place comme pierre de protection près des appareils propageant des ondes négatives.

DANS UN COMMERCE

La citrine : c'est la pierre des « marchands », elle permet d'attirer et de retenir la richesse. À mettre dans la caisse placée en retrait à gauche de la porte d'entrée du magasin.

Le jade : il favorise la prospérité et l'abondance. Tout commerçant chinois qui se respecte dispose plusieurs bibelots en jade dans sa boutique !

Le sel gemme désigne un sel marin fossile remontant à l'ère secondaire.

LES DIFFÉRENTES UTILISATIONS DES PIERRES

« La boue cache un rubis mais ne le tache pas. »

Proverbe chinois

Pendant très longtemps, il a fallu se contenter de porter les cristaux et pierres précieuses sur soi en amulettes, ou d'en disposer à certains endroits de son lieu d'habitation. Mais depuis quelques années, les amoureux de la lithothérapie ne cessent d'inventer de nouvelles manières de profiter des bienfaits des minéraux protecteurs. Des utilisations originales qui auraient un impact sur nous à différents niveaux, aussi bien physiques que mentaux. Quels sont ces nouveaux procédés et, pour chacun d'eux, leur bienfait le plus spécifique ?

PIERRES DE MASSAGE

Les galets. Très « tendance », ils sont aujourd'hui de plus en plus utilisés dans les spas, et amènent un souffle nouveau et dynamisant au monde du massage.
Ce sont des galets polis, de 4 x 6 cm en moyenne, pesant de 70 à 85 g. Leur forme harmonieuse et leur surface douce permettent une prise en main aisée et confortable. Passés sur le dos, les jambes, les plantes de pieds, en automassage ou massage reçu, ils procurent bien-être et relaxation. Préalablement, on prend soin de passer sur la peau une huile essentielle adaptée au besoin du moment. On se sert ensuite des galets comme supports de massage sur le corps ainsi préparé.
Les galets seront choisis et utilisés en fonction des propriétés que l'on voudra donner aux massages. Ainsi, ceux-ci peuvent être relaxants (dans ce cas, on choisira des galets d'améthyste, amazonite, ou quartz rose) ; tonifiants (cornaline), énergisants (cristal de roche) ou défatigants (citrine). On trouve en effet un vaste choix de galets en fonction de leurs apports spécifiques et des besoins de chacun. Ils peuvent aussi être utilisés de manière statique, simplement posés sur des points clés du corps et de la tête.

Les bâtonnets. Ils mesurent environ de 9 à 10 cm de long pour une épaisseur de 15 mm à la base et 10 mm à la pointe. Ils sont généralement destinés à un toucher plus précis, car ils permettent le massage des méridiens et des points énergétiques, notamment dans la médecine chinoise ou dans la réflexologie. Ils peuvent aussi être utilisés lors du grand massage énergétique d'origine indienne, le massage ayurvédique.

Leur base est une demi-sphère favorisant un massage doux des points d'acupuncture et leur extrémité une pointe qui vient stimuler ces mêmes points. On les trouve le plus souvent en cristal de roche, pour relancer l'énergie, mais également en améthyste pour combattre le stress ou en quartz rose pour cultiver la sérénité. Plus rares, il existe des bâtonnets de massage en hématite, pour la circulation, ou en malachite pour une action anti-inflammatoire.

HUILES DE MASSAGE

Soucieux de qualité et d'authenticité, le public est de plus en plus en attente d'un produit singulier, extraordinaire et complet. Depuis peu, les huiles à base de minéraux font l'objet d'un véritable engouement et commencent à envahir le marché du bien-être. Elles sont pour la majorité composées d'une huile de base (jojoba ou amande douce), puis d'un mélange d'huiles essentielles bio, auxquelles sont associées une ou plusieurs pierres pour leurs propriétés. Ces huiles portent alors des noms associés au bien-être (Chaleur et sécurité, Antistress, Sérénité…). On les utilisera seules ou en complément d'un galet de massage.

LAMPES

Lampe en sel de l'Himalaya. Ce sel gemme, qui est un sel marin fossile datant de l'ère secondaire, appartient à la famille des roches salines et est composé essentiellement d'halite. De tout temps, le sel a été associé à la purification. Il est indiqué pour détoxifier les lieux, et même les pierres ! La lampe en sel harmonise et assainit la pièce dans laquelle on l'installe, car elle émet des ions actifs contre les effets toxiques de l'environnement. Plus la lampe en cristal de sel restera allumée, plus vite vous aurez un air rechargé en ions négatifs, et plus l'air de votre intérieur sera purifié et sain. Enfin, le sel, minéral naturel, permet d'absorber l'humidité. Lorsque la lampe est allumée, elle chauffe et libère dans l'air des oligo-éléments essentiels à notre organisme. Elle aide ainsi à combattre le stress, les sensations de fatigue et les insomnies. Elle posséderait aussi, selon la chromothérapie, des propriétés dynamisantes : la couleur orange stimule la créativité et la joie de vivre !

Lorsque la lampe en sel est allumée, elle diffuse une lumière douce et rassurante, créant ainsi une atmosphère chaleureuse de détente. C'est donc une lampe d'ambiance, que l'on peut placer dans un salon, une chambre, un lieu de repos, mais aussi un agent de purification.

Lampe en sélénite. Encore peu connue, cette nouvelle lampe fait son apparition sur le marché du bien-être. Elle doit, paraît-il, son nom à Séléné, déesse de la lune dans la mythologie grecque. Cette dernière est toujours représentée sous l'aspect d'une belle femme au visage pâle, vêtue d'une longue robe blanche et portant un croissant de lune sur la tête. Elle parcourt le ciel sur un char tiré par des chevaux blancs. « Sélénite » est aussi le nom que Jules Verne a donné aux habitants imaginaires de la Lune dans ses romans. Dans la poésie, par extension, le terme sélénite évoque une personne « lunaire » ou qui est souvent perdue dans ses rêveries.

Composée d'hydrosulfate de calcium, variété noble du gypse, elle vient généralement des montagnes de l'Atlas (Maroc) et est issue de sédiments qui se sont déposés à l'ère tertiaire. La sélénite est donc beaucoup plus récente que le sel gemme, qui date de l'ère secondaire. De structure fibreuse, les cristaux de sélénite forment un agrégat en lamelles. Cet assemblage et ce clivage très particulier permettent la réfraction de la lumière ; ainsi la lumière blanche diffusée par la sélénite est-elle particulièrement reposante. Allumée, elle diffuse une ambiance propice au bien-être physique et repose l'esprit en créant une atmosphère propre à la méditation.

C'est une pierre très subtile, aux effets protecteurs ; on la placera à proximité d'un écran de télévision ou d'ordinateur. Elle absorbe la négativité dans un salon, une chambre. Tout comme la lampe en sel, elle devra être allumée le plus souvent possible pour créer une ambiance de sérénité et libérer ses effets apaisants. La sélénite existe aussi en bougeoir et aura les mêmes effets que la lampe, à condition d'y allumer une bougie.

FONTAINES

Elles sont généralement appréciées de ceux qui cherchent à donner un côté « zen » à leur lieu de vie, avec l'envie de créer dans leur maison une atmosphère agréable et paisible. Le doux clapotis de l'eau s'écoulant sur les petits morceaux de pierres bruts ou polis (quartz rose, cristal de roche, améthyste) et l'apaisante lumière diffusée par une petite ampoule placée à l'intérieur d'une grosse pierre centrale (quartz rose, cristal de roche, calcite orange le plus souvent) apportent ce sentiment de quiétude recherchée et favorisent un état de relaxation, de contemplation et de méditation. Dans cette composition, le calme est non seulement diffusé par les pierres, mais induit aussi par l'univers sonore aquatique et le tamis de la lumière sur les minéraux.

COUSSINS

Ce sont des petits coussins rectangulaires (24 x 17 cm), ou carrés (18 x 18 cm) en soie ou coton, très légers et doux, remplis de pierres pilées ou roulées et dont l'enveloppe en tissu est de la couleur de ces pierres. Pour plus de confort, on associe une céréale (sarrasin, millet, avoine, orge) aux minéraux placés à l'intérieur.

Chaque coussin est utilisé comme petit support de confort sous la tête, la nuque ou pour le dos, mais aussi sur le ventre et l'estomac. Selon les propriétés des pierres qui se trouvent à l'intérieur, il aura un effet relaxant, apaisant, stimulant, décontractant. Ainsi, par exemple, le coussin « Bonne nuit », composé d'améthyste et de grains de millet, aide à se détendre, à trouver le fameux sommeil réparateur durant une nuit paisible et complète, ou à se reposer pendant une courte sieste. On pourra aussi l'utiliser pendant un moment de détente en écoutant de la musique.

On peut également le trouver sous forme de mini-coussin – 17 x 7 cm environ – à poser sur les paupières pour se relaxer ou apaiser les troubles de la vue. Il est alors à base d'aigue-marine ou d'émeraude. Peu connu du public, car encore peu diffusé, il est appelé à devenir un allié de plus en plus fréquent de notre bien-être.

COSMÉTIQUES MINÉRAUX

Ça y est, les grandes marques de cosmétiques s'y sont mises : on trouve désormais des crèmes de beauté, des lotions, des masques élaborés à partir de minéraux, pierres précieuses et semi-précieuses. Mises au point par des équipes de cosmétologues en collaboration avec des scientifiques, ces compositions réunissent les propriétés actives des pierres, naturellement riches en oligoéléments qui subliment la beauté de la peau, associées aux actifs végétaux déjà bien connus pour le visage et le corps.

C'est ainsi qu'apparaissent des crèmes au diamant aux effets anti-âge ou encore des soins gommants au quartz rose pour le visage (le quartz agirait sur l'éclat du teint en stimulant la microcirculation et absorberait les impuretés). Le cristal de roche est particulièrement utilisé dans des crèmes régénérantes.

ÉLIXIRS MINÉRAUX

On connaissait les élixirs floraux, il faudra désormais compter avec leurs frères minéraux ! La thérapie par les élixirs de minéraux a été élaborée sur les bases holistiques de l'ayurveda (« science de vie » indienne) et de l'énergétique chinoise. Ces élixirs sont issus d'une eau énergisée et de silicium, important activateur des substances qu'il accompagne.

Les minéraux utilisés pour la fabrication des élixirs sont bruts, non roulés, et font l'objet d'une sélection rigoureuse. Les élixirs de minéraux agiraient autant sur le physique que sur le mental. Ils sont présentés en flacon de 30 ml, quantité nécessaire pour assurer des cures d'une durée de trois semaines.

En fonction de nos besoins, de nos fragilités, l'un d'entre eux pourra plus particulièrement répondre à nos attentes. On trouve des élixirs à base d'aigue-marine (qui stimulerait le système endocrinien), d'améthyste (qui potentialiserait les détoxications), de cristal de roche (qui serait un puissant régénérateur), de grenat (qui stimulerait la libido, dissiperait la grande fatigue), de lapis-lazuli (pour les problèmes capillaires), de malachite (anti-douleur), de tourmaline (protection contre les pollutions électromagnétiques), etc.

La prise d'un élixir est sublinguale et s'effectue en cure de 21 jours à raison de 30 gouttes tous les soirs sauf le dimanche, déconseillé selon le point de vue énergétique.

Il convient évidemment de s'assurer de la compétence et du sérieux du distributeur, et de vérifier que les élixirs soient bien fabriqués dans un laboratoire pharmaceutique sous le contrôle d'un pharmacien.

ENTRETENIR LES PIERRES

La pierre précieuse redouble d'éclat quand on la frotte.

Joost Van Den Vondel

Lorsque l'on achète une pierre ou quand on la reçoit en cadeau, elle doit être purifiée afin d'évacuer toutes les influences qu'elle a subies depuis son extraction du sol. Pour cela, plongez la pierre dans de l'eau distillée ou de source, avec ou sans sel cristallisé, selon le gemme (voir le chapitre « Galerie des pierres »).

Si la pierre est toujours utilisée par la même personne, dix minutes suffisent ; sinon, on la laissera reposer trois heures. Ensuite, rincez-la à l'eau claire et essuyez-la avec un chiffon doux. Laissez-la reposer en pleine lumière, si possible au soleil levant, dix minutes pour une pierre familière, trois heures pour une pierre inconnue.

Vous pouvez aussi poser votre pierre au centre d'un amas de quartz (cristal de roche, améthyste) toute une journée en pleine lumière pour qu'elle se recharge en énergie.

La lumière solaire les tonifie, les embellit, mais certaines préfèrent la lumière lunaire (voir le chapitre « Galerie des pierres »). C'est baignées de lumière qu'elles expriment le mieux leur magnificence et leur rayonnement.

Chérissez vos pierres ! Nettoyez-les souvent, polissez-les avec un chiffon doux et elles vous combleront de leurs bienfaits.

CONCLUSION

« Il a plu toute la journée, je me penche sur l'eau et tends la main pour saisir un diamant de la Grande Ourse, une pâle émeraude de Mars. »

Robert Lalonde

Ainsi, si Cléopâtre et d'autres reines des temps anciens pouvaient se prélasser dans des bains de pierres précieuses, nous ne sommes pas en reste : les minéraux associés à l'inventivité moderne n'ont pas fini de nous étonner ! Qu'ils se présentent sous forme liquide, pilés ou roulés, ou comme onguents de beauté, ils poursuivront pendant encore longtemps leur mission bienfaitrice. À nous de savoir les adapter à notre quotidien afin d'en faire de véritables alliés dans nos vies.

Car la cohabitation avec ces richesses naturelles est toujours bénéfique, ainsi que l'a résumé la poétesse George Sand :

« J'ai passé bien des heures de ma vie à regarder pousser l'herbe ou à contempler la sérénité des grosses pierres au clair de lune. Je m'identifiais tellement au mode d'existence de ces choses tranquilles, que j'arrivais à participer à leur calme béatitude. »

POUR EN SAVOIR PLUS

BIBLIOGRAPHIE

Ouvrages généraux :

À la poursuite des pierres précieuses, Patrick Voillot, Privat, 2002.

Guide des minéraux, Walter Schumann, Delachaux & Niestlé, 2007.

Guide des pierres précieuses, pierres fines et pierres ornementales, Walter Schumann, Delachaux & Niestlé, 1992.

Larousse des minéraux, Henri-Jean Schubnel, Larousse, 1997.

Les Pierres précieuses, Rudolf Duda, Lubos Rejl, Gründ, 2009.

Pierres précieuses et terres d'aventure, Patrick Voillot, Hermé, 2004.

Fire and Blood : Rubies in Myth, Magic, and History, Diane Morgan, Praeger Publishers, 1948.

Gems in Myth, Legend and Lore, Bruce G. Knuth, Jewellers Press, Colorado, 2007.

Rocks & Minerals, Ronald Louis, Bonewitz, DK, 2008.

The Curious Lore of Precious Stones, George Frederick Kunz, Dover Publications, New Edition, 1971.

Sur la lithothérapie :

La Bible des cristaux, Judy Hall, Guy Trédaniel éditions, 2010.

Nouveau dictionnaire des pierres utilisées en lithothérapie, Reynald Georges Boschiero, éditions Vivez Soleil, Genève.

MUSÉES ET UNIVERSITÉS

Muséum national d'histoire naturelle
57, rue Cuvier
75005 PARIS (France)

Musée de minéralogie de l'École nationale supérieure des mines
60, boulevard Saint-Michel
75006 PARIS (France)

Faculté des sciences de Paris
Place Jussieu
Sous-sol de la tour 25
75005 PARIS (France)

Société amicale des géologues amateurs
Muséum d'histoire naturelle
61, rue Buffon
75005 PARIS (France)

OÙ TROUVER LES PIERRES ?

Vente au détail :

LA HORDE D'OR
Minéraux - Bijoux, Pierres & Bien-être (3 magasins) :
www.lahordedor.com
105, route de Sallanches
74920 COMBLOUX (France)
Tél. 04 50 91 13 57

LA HORDE D'OR
Arcades du Mont-Blanc
74120 MEGÈVE (France)
Tél. 04 50 21 31 48

LA HORDE D'OR
Le Tavaillon
73620 LES SAISIES (France)
Tél. 04 79 38 94 85

CŒUR DE PIERRES
3, rue du Président-Favre
74000 ANNECY (France)
Tél. 04 50 77 54 37

Vente au détail et en gros :
AMOUR DE PIERRES
9, passage Jouffroy
75009 PARIS (France)
Tél. 01 48 00 90 00

Vente en gros uniquement :
SANCHI GEMS
JAÏPUR, Rajasthan (Inde)
sanchigems.com
Contact : Sanjay Porwal,
Suranjan Porwal

SANCHI AND CO LTD
BANGKOK (Thaïlande)

SANCHI AND FILIA P DESIGNS
NEW YORK (USA)

EXPOSITIONS

Salon international de minéralogie et bijouterie de Paris
Espace Charenton
327, rue de Charenton
75012 PARIS (FRANCE)
Tous les ans, 1er week-end de décembre
(y compris le vendredi)

Espace CAP 15
1, quai de Grenelle
75015 PARIS (FRANCE)
Tous les ans, mi-mars
www.mineralexpoparis.com

TABLE THÉMATIQUE

A

ABONDANCE : citrine, jade

ASSAINISSEMENT : sel gemme

ACNÉ : aventurine

ACTEUR : cyanite

ADDICTION (alcool, tabac, drogue...) : quartz fumé, améthyste

ADOLESCENT (cadeau à un) : quartz rose, turquoise, amétrine, apatite bleue, améthyste, aventurine, sodalite, topaze bleue, cornaline, fluorine, citrine, lampe à sel, tourmaline noire

ALLERGIE : ambre, aigue-marine, quartz rutile

AMBITION : rubis

AMITIÉ : lapis-lazuli, turquoise, opale rose, chrysocolle, tourmaline multicolore

AMOUR : quartz rose, opale rose, saphir, diamant

ANALYSE (esprit d') : charoïte, fluorine

ANCRAGE : tourmaline noire, agate, agate de feu, quartz fumé, hématite

ANÉMIE : grenat, hématite

ANGINE : aigue-marine

ANGOISSE : ambre, rhodocrosite, améthyste

ANXIÉTÉ : améthyste

ANTI-INFLAMMATOIRE : malachite

APAISEMENT : améthyste, amétrine, agate blanche

ARTHRITE, ARTHROSE : chrysocolle, malachite

ARTISTE : topaze bleue

ARTS PLASTIQUES : cyanite, tanzanite

ASSOCIATION (collaboration) : apatite bleue, sodalite, topaze bleue, chrysocolle

ASTHME : ambre

B

BÉGAIEMENT : apatite bleue, calcédoine

BIEN-ÊTRE : amétrine

BONHEUR : amazonite, péridot

BONNE HUMEUR : amétrine, pierre de soleil, citrine

BRONCHES : quartz rutile

C

CALME : howlite, agate blanche, sodalite

CAUCHEMARS : prehnite

CIRCULATION SANGUINE : œil-de-fer, hématite, grenat

CHAGRIN : quartz rutile, quartz rose, rhodocrosite, opale rose

CHANCE : pierre de soleil, citrine

CHANGEMENT : chrysoprase, malachite

CHANT : topaze bleue, calcédoine

CLARTÉ DE L'ESPRIT : cristal de roche, howlite, prehnite, charoïte, améthyste

COLÈRE : cyanite, howlite, chrysoprase

COMMUNICATION : howlite, apatite, larimar, turquoise, calcédoine, apatite bleue, chrysocolle, sodalite, tanzanite, topaze bleue

CONCENTRATION : fluorine, citrine, amétrine, agate, améthyste, quartz fumé, cornaline

CONCRÉTISATION : pyrite de fer

CONFIANCE EN SOI : apatite bleue, sodalite, pierre de soleil, œil-de-tigre, cornaline

CONNAISSANCE DE SOI : cyanite, obsidienne

CONVALESCENCE : hématite, cristal de roche, citrine, pyrite de fer, grenat, œil-de-fer

COURAGE : œil-de-fer, ambre, prehnite, rubis, hématite, grenat, cornaline

COURBATURES : œil-de-fer

CRAMPE : chrysocolle, œil-de-fer

CRÉATIVITÉ : chrysocolle, agate de feu, tanzanite, topaze bleue, cornaline, quartz rose, chrysoprase, malachite

CROISSANCE (de l'enfant) : fluorine

D

DÉCISION (prise de) : howlite, agate de feu, charoïte, tanzanite, quartz fumé

DÉCOURAGEMENT : jaspe orbiculaire

DÉMÉNAGEMENT/ EMMÉNAGEMENT : chrysoprase, prehnite, lampe à sel, agate, œil-de-tigre, tourmaline noire

DENTS (douleur) : ambre

DÉPENDANCE : améthyste, quartz fumé

DÉPRESSION : quartz rutile, pierre de soleil, citrine

DÉSIR : opale de feu,

DEUIL : pierre de soleil, citrine, sélénite

DÉTERMINATION : œil-de-fer, quartz fumé

DIALOGUE : topaze bleue, calcédoine

DIPLOMATIE : howlite, opale rose

DISCERNEMENT : charoïte, fluorine

DONS PSYCHIQUES : cyanite, pierre de lune

DOULEURS MENSTRUELLES : chrysocolle, pierre de lune

E

ÉCOUTE : opale rose, apatite bleue, topaze bleue

ECZÉMA : ambre

EFFORT PHYSIQUE : œil-de-fer, hématite

ÉLOQUENCE : calcédoine

ENDURANCE : œil-de-fer

ÉNERGIE : cristal de roche, émeraude, œil-de-fer, opale de feu, pyrite de fer, hématite, grenat

ENFANT (cadeau à un) : quartz rose, larimar, lampe à sel,

ENGAGEMENT (relation) : saphir

ENROUEMENT : calcédoine

ENTHOUSIASME : pierre de soleil, chrysoprase

ÉPANOUISSEMENT : amazonite

ÉQUILIBRE ÉMOTIONNEL ET PHYSIQUE : cyanite, émeraude, jaspe mokaïte, agate, aventurine, azurite malachite, rhodonite, améthyste

ÉQUILIBRE HORMONAL : pierre de lune, calcédoine, aigue-marine

ESPOIR : émeraude, opale rose, opale de feu, grenat, chrysoprase

ESPRIT D'INITIATIVE : jaspe orbiculaire

ÉTUDES : fluorine, cristal de roche, pyrite de fer, agate, citrine

ÉVOLUTION SPIRITUELLE : amétrine, améthyste, quartz rutile, sugilite, tanzanite

EXAMENS : citrine, fluorine

EXPRESSION ORALE : topaze bleue, calcédoine

EXTINCTION DE VOIX : topaze bleue, calcédoine

F

FATIGUE : œil-de-fer, amétrine, rubis, hématite, cristal de roche, grenat, labradorite

FIDÉLITÉ : saphir

FIANCAILLES : diamant, saphir, jade

FÉLICITÉ : jade, péridot

FERTILITÉ : pierre de lune, cornaline, émeraude

FORCE : œil-de-fer, opale de feu, rubis, sugilite, cristal de roche, pierre de soleil

G

GÉNÉROSITÉ : topaze bleue

GORGE (maux de) : sodalite, topaze bleue, calcédoine, lapis-lazuli

GROSSESSE (accouchement) : jade, chrysoprase

GUÉRISON (des blessures émotionnelles) : opale rose, prehnite, rhodocrosite

H

HARMONIE : chrysocolle, amétrine, chrysocolle, tourmaline multicolore, larimar

HONNÊTETÉ : topaze bleue, tourmaline multicolore, lapis-lazuli

IMAGINATION : pierre de lune

I

INDÉPENDANCE (d'esprit) : œil-de-tigre

INDULGENCE : howlite

INSOMNIE : howlite, améthyste, charoïte

INSPIRATION : topaze bleue

INTROSPECTION (travail sur soi) : obsidienne, cristal de roche, aigue-marine, charoïte, cyanite, quartz rutile, rhodonite, sodalite, agate de feu, opale rose

INTUITION : cyanite, azurite malachite, charoïte, pierre de lune

ILLUSION : obsidienne

J

JALOUSIE : rhodocrosite chrysoprase

JOIE DE VIVRE : amétrine, pierre de soleil, cornaline

L

LANGUES (apprentissage des) : cyanite

LUCIDITÉ : obsidienne

M

MAÎTRISE DE SOI : jaspe orbiculaire

MAL DE DOS : chrysocolle

MAL DES TRANSPORTS : cristal de roche

MARIAGE (cadeau de) : jade, citrine, quartz rose

MAUX DE TÊTE : améthyste, lapis-lazuli

MÉDITATION : cyanite, chrysocolle, prehnite, améthyste, larimar, amétrine, saphir, sodalite, tanzanite

MÉMOIRE : jaspe mokaïte, jaspe orbiculaire

MÉNOPAUSE : calcédoine

MODÉRATION : howlite

MOTIVATION : apatite bleue, cornaline

MUSIQUE : cyanite

N

NAISSANCE (cadeau pour un bébé) : collier d'ambre, quartz rose, agate blanche

NÉGLIGENCE : prehnite

NOUVEAU TRAVAIL : opale de feu, citrine, cornaline, calcédoine, apatite bleue, opale de feu, agate de feu, jaspe mokaïte, jaspe orbiculaire

O

OPTIMISME : émeraude, amétrine, pierre de soleil, citrine

ORATEUR : cyanite, calcédoine

ORDRE : prehnite

ORGANISATION : fluorine

OUVERTURE DU CŒUR : quartz rose

P

PAIX INTÉRIEURE : chrysocolle, émeraude, saphir, larimar

PASSION : opale rose,

PATIENCE : howlite, jaspe orbiculaire

PEAU : aventurine, ambre, péridot

PEINE DE CŒUR : émeraude

PEINTURE : topaze bleue

PERSÉVÉRANCE : prehnite

PEUR : prehnite

PERSÉVÉRANCE : rubis, grenat

PERSONNE ÂGÉE : ambre, citrine, améthyste, amétrine, œil-de-fer, jade

PHILOSOPHIE : sodalite

POÉSIE : pierre de lune

POUVOIR PERSONNEL : opale de feu, chrysocolle, rubis

PROSPÉRITÉ : citrine, jade

PUISSANCE : sugilite, jade

PROTECTION : œil-de-tigre, tourmaline noire, labradorite, œil-de-fer, péridot, malachite

R

RAJEUNISSEMENT (des cellules) : jaspe orbiculaire

RANGEMENT : prehnite

RÉCONFORT : rhodonite, rhodocrosite

REINS : jade nephrite, prehnite

RÉALISATION : jade

RÉFLEXION : fluorine

RÉGÉNÉRATION : émeraude, jaspe orbiculaire, sugilite, hématite, citrine, cristal de roche, labradorite

RELATIONS : lapis-lazuli

RELAXATION : chrysocolle, amétrine, chrysoprase

RENAISSANCE : chrysoprase

RENCONTRE AMOUREUSE : quartz rose

RENOUVEAU : émeraude, jaspe orbiculaire, chrysoprase

RESPONSABILITÉS (sens des) : quartz fumé

RÉTENTION D'EAU : howlite, jaspe mokaïte

RÊVEUR : œil-de-tigre

RHUMATISME : chrysocolle, ambre, malachite

RICHESSE : citrine, jade

RUPTURE, DIVORCE : pierre de soleil, citrine, quartz rose, rhodocrosite, charoïte, howlite, rhodonite, opale rose

S

SAGESSE : améthyste, jade

SÉCURITÉ : agate blanche, quartz rose, chrysoprase

SÉRÉNITÉ : howlite, jaspe mokaïte, amétrine, sugilite, ambre, chrysoprase, amazonite

SEXE (vigueur, désir) : opale de feu, grenat

SINCÉRITÉ : améthyste

SPIRITUALITÉ : saphir

SINCÉRITÉ : opale rose

SOMMEIL : chrysoprase

SPORT (pratique d'un) : œil-de-fer, cristal de roche, œil-de-fer, hématite

SURMENAGE : chrysocolle

STABILITÉ : jaspe mokaïte

STRESS : améthyste, ambre, opale rose, rhodonite, rhodocrosite, amétrine, charoïte, cyanite, agate blanche, rhodonite

SYSTÈME IMMUNITAIRE : sugilite

T

TABAGISME : quartz fumé, améthyste

TIMIDITÉ : cyanite, agate de feu, topaze bleue

TOLvRANCE : chrysocolle

TONUS : pyrite de fer

TRANQUILLITÉ : cyanite, sodalite

TRISTESSE : pierre de soleil

V

VERTIGES : howlite

VIEILLESSE : œil-de-fer, ambre, malachite, quartz rose, hématite, agate blanche, jade, améthyste, pierre de soleil

VITALITÉ : émeraude, œil-de-fer, opale de feu, pyrite de fer, agate de feu, amétrine, quartz rutile, grenat, cornaline

VOIES RESPIRATOIRES : pyrite de fer, quartz rutiles, ambre

VOIX : cyanite, topaze bleue

VOLONTÉ : agate de feu, grenat

VOYAGE : turquoise, aigue-marine

Y

YEUX : émeraude, saphir

INDEX

Remerciements de l'auteur

Je remercie chaleureusement Pascale Senk pour son aide précieuse à la réalisation de ce livre et pour son amitié, ainsi qu'Anne Le Meur d'Hachette Pratique pour son enthousiasme et sa bienveillance.

Merci à Sanjay d'avoir mis à ma disposition des bijoux de sa création et des pierres, ainsi que les 55 photos des fiches du livre, réalisées par son photographe à Jaïpur, Rajasthan (Inde).

Merci à Kendalph Vornëar pour son regard avisé sur le chapitre Astrologie.

Direction : Catherine Saunier-Talec
Responsable éditoriale : Anne Le Meur
Responsable artistique : Antoine Béon
Conception graphique : Minsk-Studio
Mise en page et gravure : NordCompo (Villeneuve-d'Ascq)
Révision : Mireille Touret et Paula Lemaire
Fabrication : Isabelle Simon-Bourg
Partenariats : Sophie Morier (smorier@hachette-livre.fr)
Responsable de la communication : Johanna Rodrigues-Faitot (jrodrigue@hachette-livre.fr)

Crédits photographiques
Fotolia. 11 : © chalabala ; 17 : © shvaista ; 20 : © shvaista, 23 : © litchima ; 25 : © digitalfarmer ; 34 : © joannapalys ; 36 : © Rokfeler ; 45 : © shvaista ; 46 : © Real Illusion ; 57 : © shvaista ; 58 : © szooofija ; 67 : © shvaista ; 68 : © natalypaint ; 80 : © Rokfeler ; 89 : © shvaista ; 90 : © @piyacler ; 95 : © shvaista ; 96 : marymo_art ; 102 : © zanna26 ; 112 : © Lucian Milasan ; 159 : © colors0613 ; 166 : © Tyler Olson.

L'éditeur utilise des papiers composés de fibres naturelles, renouvelables, recyclables et fabriquées à partir de bois issus de forêts qui adoptent un système d'aménagement durable. L'éditeur attend également de ses fournisseurs de papier qu'ils s'inscrivent dans une démarche de certification environnementale reconnue

PAPIER À BASE DE FIBRES CERTIFIÉES

hachette s'engage pour l'environnement en réduisant l'empreinte carbone de ses livres. Celle de cet exemplaire est de :
1 kg 100 éq. CO_2
Rendez-vous sur www.hachette-durable.fr

Achevé d'imprimer par Polygraf Print (Slovaquie)
en janvier 2015
Dépôt légal : février 2015
66-4447-01-2
ISBN : 978-2-01-238683-9